汉语国际教育中国传统文化系列教材

CHINESE INTERNATIONAL EDUCATION TEACHING MATERIALS SERIES OF CHIN

Liao Ning Cultural Reader

辽宁文化读本

张冬秀 著

中国水利水电出版社
www.waterpub.com.cn

内 容 提 要

辽宁既保存着众多的历史文化遗产,如先民遗迹、都城遗址、宫殿与帝陵、宗教与宗教建筑等,又在各族人民的共同努力下形成了独特的衣、食、住、行、婚嫁、娱乐及文学习俗。本书通过展示辽宁在悠久的历史中形成的璀璨而多样的文化,试图使来自世界各地的汉语学习者感受辽宁文化的魅力,并认识到辽宁文化的价值,力图将辽宁悠久的历史与文化传播到全世界。

图书在版编目（ＣＩＰ）数据

辽宁文化读本 / 张冬秀著. -- 北京 : 中国水利水
电出版社, 2015.6 (2022.10重印)
  ISBN 978-7-5170-3302-8

  Ⅰ. ①辽⋯ Ⅱ. ①张⋯ Ⅲ. ①文化史－辽宁省 Ⅳ.
①K293.1

中国版本图书馆CIP数据核字(2015)第140007号

策划编辑:杨庆川 责任编辑:陈 洁 封面设计:马静静

书　　名	辽宁文化读本
作　　者	张冬秀　著
出版发行	中国水利水电出版社
	(北京市海淀区玉渊潭南路 1 号 D 座 100038)
	网址:www. waterpub. com. cn
	E-mail:mchannel@263. net(万水)
	sales@mwr.gov.cn
	电话:(010)68545888(营销中心)、82562819（万水）
经　　售	北京科水图书销售有限公司
	电话:(010)63202643、68545874
	全国各地新华书店和相关出版物销售网点
排　　版	北京厚诚则铭印刷科技有限公司
印　　刷	三河市人民印务有限公司
规　　格	184mm×260mm　16 开本　11.25 印张　274 千字
版　　次	2015年11月第1版　2022年10月第2次印刷
印　　数	2001-3001册
定　　价	68.00 元

汉语国际教育中国传统文化系列教材
编 委 会

序

　　为满足汉语国际教育的需要,沈阳大学国际教育交流中心组织有留学生教育教学经验的教师编写了《中国传统文化系列教材》,由中国水利水电出版社出版的《辽宁文化读本》是本套系列教材之一。该系列教材既是中国传统文化教育研究所的研究成果,也是国际教育交流中心汉语国际教育教学实践的结晶。它浓缩了留学生喜闻乐见的、对世界文化产生一定影响的、最富有独特内涵的、最具有代表性的中国传统文化精髓,并将辽沈文化特色有机地融入其中,点面结合,图文并茂,简明易懂,集趣味性、可读性、启发性和知识性于一体,为学习者直观地再现了中华文化的璀璨。对于国际学生而言,在有限的来华留学时光里选一套适用实用的教材,读一本引人入胜的教程,品一杯香茗,于无声处或漫步在书香校园,或游走于异域文化之间,在静谧的读书中学汉语、赏文化,在方寸之间触摸中华文化、了解中国国粹、感受华夏文明——这既是快意的留学生活方式,也是我们编写本套教材的初衷,望有所裨益。

王晓初

沈阳大学副校长　教授

前　言

  辽宁省位于中国东北部,这里南临黄海、渤海,东与朝鲜一江之隔,与日本、韩国隔海相望。自古以来,汉、蒙、满等多民族文化在此融合,中原、中亚、西域文化在此交汇。悠久的历史给辽宁带来了璀璨的文化,多样的文化又成就了辽宁人多元化的生活。

  这片土地上残留着 40 万年前庙后山人的生活足迹;这片土地上保存着"中华第一村"查海人的生活印记。在这里,"中华第一龙"——龙堆石的脊背还鳞光闪闪;牛梁河遗址的女神头像还散发着神秘的气息。文化的交流带来了思想的开放。和而不同的宗教观使辽宁地区的宗教建筑宏伟而壮观。在东北现存最古老的佛寺——奉国寺内,七世佛泰然端坐了千百年,他们面目慈祥地俯瞰众生;在阜新佛寺镇里,名噪一时的"东藏"圣地——瑞应寺,佛光不灭。佛祖的真身舍利隐藏在朝阳北塔内,静静地等待着人们去发现。

  辽宁得名于辽河,取辽河流域永远安宁之意。滔滔的河水滋养了这片黑土地。狭长的"辽西走廊"将中国的东部与西部贯通连接。便利的交通、丰富的物质,让辽宁成为军事要地。从春秋战国时期,燕国设立辽东、辽西郡,到清朝旧都沈阳,中国历史上的各个朝代都在这里留下了遗迹。

  所谓"遗迹"就是历史上人类生活的痕迹。在辽宁,各族人民在共同的生活中形成了独特的习俗。民间文学、民间舞蹈、传统戏剧、曲艺、传统手工技艺等民俗,作为历史发展的见证,凝聚了民族的智慧。它们共同构成了这个地域、社会、民族的根和源。满族大秧歌、皮影戏、东北大鼓向世人展现了这个地域粗犷豪放、诙谐幽默的民俗民风,构筑了关东文化特有的精神气质。而在这片土地上各民族风格独特的衣食住行,更真实地反映了辽宁地域的风土人情。

  然而,这些都只是辽宁文化的沧海一粟。在编写这本书之前,我时常浅薄地认为辽宁文化贫瘠,蛮荒之地少有人文历史。但随着写作的深入,我不时为辽宁蕴藏的历史文化所震撼。

  本书不仅要让来自世界各地的汉语学习者感受辽宁文化的魅力,也要让生活在这里的辽宁人、中国人认识到辽宁文化的价值。同时,更希望通过本书,将辽宁悠久的历史与文化传播到全世界。

作　者

2015 年 3 月

目　录

003

历史

文化遗产

Historical Cultural Heritage

上篇

<ruby>Xiān mín yí jì</ruby>
1. 先民遗迹

<ruby>Wén míng qǐ yuán</ruby>
1.1 文明起源

中国人常说，"<ruby>yī fāng shuǐ tǔ yǎng yī fāng rén</ruby> 一方水土养一方人"。一个地区独特的地理位置、物候环境，影响着这个地区人们的思想观念、人文历史、性格特征，进而产生不同的地域文化。辽宁位于中国东北部，这里土地肥沃 <ruby>féi wò</ruby> 、四季分明。早在 50 多万年前，这片土地上就已经有了人类的足迹。

先民们凭借自己的智慧在辽河流域、辽宁西部及辽东半岛，顽强地生存下来。无论是辽河两岸开阔的平原，还是辽西一带的丘陵山地，先民们都以自己的方式，进行原始的农业劳动，从事渔猎、农牧等多样的经济活动。这里留下了东北地区人类最早的生活足迹，保存下了中国最早的石砌龙形图案、最早的玉器、最精细的石棚建筑……无论是人类早期的图腾文化，还是后期的祖先崇拜，这些文物、遗址都丰富了辽宁的地域文化。

 <ruby>miào hòu shān rén yí zhǐ</ruby> 庙后山人遗址——中国东北地区最早的原始人群遗迹

庙后山人遗址位于辽宁省本溪市，处于东辽河流域庙后山南坡。遗址为一处石灰岩洞穴。洞口面南，山下便有溪流经过。在这处阴湿的洞穴里，人们发现了两颗珍贵的"中国猿人" <ruby>yuán rén</ruby> 牙齿化石。一颗牙齿有 40 万～50 万年的历史，另一颗有 20 万～30 万年的历史。庙后山人不仅开始加工石器，更重要的是他们已经开始使用火。在遗址中，人们发现了被火烤过的兽骨。这说明当时人已经开始食用熟食。

 <ruby>jīn niú shān rén yí zhǐ</ruby> 金牛山人遗址——最早的辽宁人

金牛山位于营口大石桥市，海拔 <ruby>hǎi bá</ruby> 不足 70 米，周长仅仅 1200 多米。在这处遗址中出土了五十余件人类化石，它们都属于同一个成年男性，专家称其为"金牛山人"。金牛山人生活在距今约 28 万年前，20—22 岁之间，其身体形态既有原始人的特征，也有一些接近智 <ruby>zhì</ruby> 人 <ruby>rén</ruby> 的进步特征，比如他们的脑量大于一般的猿人。聪明的金牛山人已能熟练地控制火，率先跨入早期智人阶段。

 <ruby>xiān rén dòng yí zhǐ</ruby> 仙人洞遗址——保存最完好的古人类遗址之一

仙人洞遗址位于海城市东青云山脚，距今有 4 万～2 万年。遗址是一处石灰洞穴，洞

口坐北朝南,洞内现发现石制品近两万余件,包括大量的石核、石片与废片。洞中还发现

gǔ yú biāo　gǔ máo tóu　gǔ zhēn

先进的骨鱼镖、骨矛头、骨针和装饰品,表明这里的先民已经懂得了缝制,有了美的追求。其中,有三件骨针是世界上最古老的骨针。仙人洞遗址是中国文化内涵最丰富、保存最完好的古人类遗址之一。

003

chá hǎi yí zhǐ

查海遗址——"中华第一村"

查海遗址位于阜新蒙古族自治县,距今有 7600 年,处于新石器早期,是目前东北地区

xīn shí qì shí dài

年代最早、保存较完整的新石器时代遗址之一。遗址内有大量生活、生产所用的陶器和石器。在石器制作方面,查海时期已经能熟练使用穿孔技术了。这里出土的龙纹陶片,已

qì jīn

具备中国古代龙形象的基本特征。大型石塑龙堪称迄今为止在中国发现最早、形体最大的龙形象。这里出土的玉器也是目前中国发现的最早用玉的实例。

niú hé liáng yí zhǐ

牛河梁遗址——"中国 20 世纪 100 项考古大发现"之一

māng niú hé

牛河梁遗址位于辽宁省凌源市,因其山下的牤牛河而得名,距今约 5000 多年。遗

jī shí zhǒng

址以祭祀场所"女神庙"为中心,周围分布泥塑女神头像积石冢群。祭祀场所规模宏大,是原始社会晚期一个规模很大的社会共同体举行大型宗教祭祀活动的圣地。同时,从积石冢的情况看,这里已经有较为明显的社会成员等级,显示出原始公社走向解体的迹象。

dōng shān zuǐ yí zhǐ　　　　　jì tán

东山嘴遗址——中国最早的祭坛

东山嘴遗址位于辽宁省朝阳市,距今 5000 多年。其圆形祭坛是中国最早的古代祭坛之一。人们还第一次发现与女性崇拜有关的遗迹遗物。

xīn lè yí zhǐ

新乐遗址——古代先民图腾的代表

新乐遗址位于辽宁省沈阳市,距今已有 7200 年历史。在遗址出土的文物中,有一件

péng niǎo

刀法精湛的木雕艺术品尤为珍贵。其貌似鹏鸟,头大尾长,形体浑厚、威严。大嘴象征

qì tūn shān hé

气吞山河之势,被称为"太阳鸟",是古代先民的图腾。其雕刻手法流畅、细腻,这在中国和世界考古史上都堪称奇迹。

shí péng

石棚——亚洲的"金字塔"

guān miǎn

石棚,古称"石室",因其形状宛如古代帝王的"冠冕",汉代又称其为"冠石"。这是当时氏族部落首领的墓,距今至少已有 4000 年的历史。石棚在辽宁境内分布广泛。据统计,辽宁境内已发现的石棚有百余处。在诸多石棚中,以盖州石棚为规模最大,保存最好。

盖州石棚位于盖州市石棚峪村石棚,由四块花 岗 岩 石板组成,平面呈长方形。据国内
huā gāng yán
外专家考证,此石棚是我国迄今为止保留年代最悠久、世界上最大的石棚。
qì jīn

1.2 图 腾 崇 拜
Tú téng chóng bài

1.2.1 玉 龙 故 乡
yù lóng gù xiāng

"图腾"(totem)一词最初来源于印 第 安 语 ,有"亲属""亲戚"的意思。作为人类早期
yìn dì ān yǔ
的文化现象,远古人类将图腾视为自己的祖先、保护神和亲属。他们通常认为自己的祖先
是某种动物或植物的化身,进而在尊敬甚至是崇拜某种图腾的同时,希望得到图腾的保护
与庇佑。

自古以来,龙就是中华民族崇拜的神异灵物之一。中国人以龙为自己的民族图腾。
龙在传统文化中既是权势、高贵、尊荣的象征,又是幸运和成功的标志。中国古代的皇帝
们以"真 龙 天 子"自居,与皇帝有关的建筑、旗帜、服饰、日用品都绘满了龙纹,而且这种
zhēn lóng tiān zǐ
纹饰成为皇帝的专属品,普通百姓不能使用。在日常生活中,人们通过赛 龙 舟 、舞 龙
sài lóng zhōu wǔ lóng
灯 等方式来加强与龙的联系,希望从龙图腾中获得平安与祥瑞。
dēng

在辽宁地区,龙文化在距今 8000 年前的查海遗址就已经出现,此后一直延续发展到
距今 6000 年前的赵宝沟文化、距今 5000 至 6000 年的红 山 文 化 。随着时间的推移,
hóng shān wén huà
龙的类型不断丰富,造型更加成熟。辽宁地区的龙文化也成为中华龙文化最重要的组成
部分之一。

 龙 崇 拜 的 开 创 期
lóng chóng bài de kāi chuàng qī

龙的形象起源于新石器时代晚期。早期的龙是沟通天地、带来雨露的吉祥动物,因此
受到隆重的祭拜,是人们精神生活中的神灵。在辽宁阜新查海遗址,人们发现了迄今为止
中国最早的龙的形象。

查海遗址的龙形象共有两类:一类是遗址中心的 龙 堆 石 ,另一类是陶器上龙 纹
lóng duī shí lóng wén
装 饰 。
zhuāng shì

龙堆石 位于遗址中心,是一条由西南至东北裸露的石堆。石堆中,石块大小均匀,
都是红 褐 色 的花岗岩石。石堆总长度约为 20 米,宽约 1.8 米,可清晰地分辨出龙头、龙
hóng hè sè
身和龙尾,甚至是龙腿和龙足也隐约可见。

远古时代人类因自身能力的限制,对自然万物充满了好奇,甚至是敬 畏 ,由此产生了
jìng wèi

查海遗址　龙堆石

原始的自然崇拜。先民们将伴随雷声出现的闪电，当作是蛇形的龙。查海遗址中的龙堆石其形状就更接近于蛇形龙。

石堆的龙头朝向西南方，呈现昂首张口状。龙身的石块摆放更加密集，身体呈现波浪状。龙尾向东北方，四肢舒展，虽然不够清晰，但总体给人一种巨龙腾飞的感觉。从高处望下去，红褐色的石块就像龙体的鳞片（lín piàn），鳞光闪闪，造型生动。这条石堆龙是目前国内新石器时代最早、最大的龙，因此也被誉为"中华第一龙"。

龙纹装饰　在查海遗址的两块陶器（táo qì）残片上，人们还发现了浮雕式龙纹（fú diāo shì lóng wén）。龙纹雕在红褐色的陶器表面。其中一块为龙身，另一块为龙尾。龙身残存 4 厘米，为向内盘卷的形状。龙尾残存 5 厘米，为向外翻卷的形状，尾端部较尖。两个龙纹的共同的特点是体宽而平，体上压有月牙形（yuè yá xíng）的点纹图案，代表龙身上的鳞片。这两块陶片的龙纹形象说明当时的查海人已经对龙图腾有了深刻的认识。

在查海遗址中，龙的形象虽然还不够明确和完整，但已经具有宗教意义。对它的使用，开始具有一定的等级性。遗址中，龙堆石的龙尾指向一间大型房屋。这间房屋是遗址中最大的一座。房里有一对特大的石铲（shí chǎn），个头比一般大型石铲还要大将近一倍，而且没有任何使用过的痕迹。这就说明石铲是当时举行重要仪式时使用的特殊器具，而房屋的主人一定有着特殊的身份。从位置来说，龙堆石的出现、龙图腾的使用肯定是这间房屋主人的特权。

龙堆石下方是一处小型的公共墓地和祭祀坑，这是当时人举行某种仪式的场所，而且公共墓地就在龙身下，这也表明当时原始人类的精神世界和龙堆石之间有着某种特殊的关系。

龙崇拜的发达期

　　随着龙文化在查海地区被创制,在漫长的岁月里,远古人类不断地丰富和延续着这种图腾文化,龙的形象也得到了发展。如果说在查海遗址中,龙的形象还不能清晰地被辨认,那么到了红山文化时期,龙的形象不仅更加明确,类型也更加多样。

　　红山文化是辽宁史前文化中最辉煌的一页,该文化距今有 6500 年到 5000 年历史。在红山文化中龙形象已经有多种类型,包括彩陶龙形、泥塑龙形和玉雕龙形。

　　彩陶龙形　在陶器上绘制的彩色龙图案。一种是在陶器的腹部绘制横盘于器腹的龙体图案。一般为红地黑彩。龙身上饰有龙鳞,龙鳞线条规整,形状固定,间隔等距;第二种是只有放大的龙鳞纹,而没有龙的身体。鳞纹为黑彩,图案规整。

查海遗址　蟾蜍纹陶罐

　　泥塑龙形　出现于牛河梁女神庙。一类为兽类,龙的下颚前部长而尖,犬齿宽,并且向上弯曲。从形象上看,这类龙形更接近于熊;另一类为禽类,在残存的文物上可以找到类似鹰的禽爪或是翅膀。

牛梁河遗址　玉雕龙

　　玉雕龙形　出现于牛河梁遗址。它们的特征是头部较大,形体肥厚,有短耳,大圆眼睛,吻部刻画多道皱纹。这一形象中包含了既有猪肥头大耳的特征,又有熊的短耳与圆眼的特征。

　　另一类玉龙为墨绿色,高 26 厘米,长吻,有双鼻孔,细菱形目,头后有长脊,板状长脊上举,龙身体细而且弯曲,形状类似于"C"字形。这一玉龙因鼻子与嘴部形象接近猪,曾被视为猪头龙。而其"C"形的身体和上扬的脊,则让人感觉与鹿更加相似。

龙崇拜的延续期

　　史前龙形的发展在经历了红山文化的繁盛之后,一直延续到距今 4000 年前的早期青铜时代,辽宁夏家店彩绘龙正是这时期龙崇拜的产物。

　　夏家店遗址位于辽宁朝阳与内蒙古交界处。这里出土的彩绘龙,形象更加生动,龙纹与龙的形象逐步成熟定型,与后世的龙形象已经非常接近。这里典型的龙形象表现为以下三种形式:

dān shǒu shuāng shēn lóng
单 首 双 身 龙　绘于陶鬲（ **táo lì** 三足陶制炊具）足部。龙有首有身，首部圆眼，口张，前伸，有须有角，双龙身反向卷曲，龙体上装饰有整齐的鳞纹，而且纹饰更加简化。这个龙的形象在头部、身体、龙须处都明显使用了夸大的手法。龙的形象已经脱离了具体的动物形象，而是神化的龙。这种神化后的龙形象与后世的龙形象更为接近。

007

kuí lóng wén
夔 龙 纹　绘于陶瓶（ **táo bù** 盛水的容器）腹部。这时的龙形象图案化风格十分强烈。首部有圆睛，鼻子上卷，身体较长，尾部上卷，有足，这些图案与后来出现于青铜器上的夔龙纹非常相似。

shòu miàn wén
兽 面 纹　一种为菱形长眼，面部甚长，额中绘菱形纹理；另一种为面部甚扁，横长目，目角圆。这种纹理就是商代的青铜器经常使用的饕餮纹 **tāo tiè wén** 的重要组成部分。

夏家店遗址　彩绘陶鬲

在辽宁地区，远古时期龙的形象经历了形成、演变、定型的过程。这种演变与发展可以分为三个阶段：

第一阶段，龙形象尚未与动物原型区分开。人们可以通过龙的头部或躯干的局部特征，清楚地辨认出动物原型。无论是猪、熊、鹿，这些动物的特征在龙的形象中都有反映。

第二阶段，龙的形体、龙鳞的形态基本定型。从这时开始，龙不再时长时短，时胖时瘦，它们的身形基本明确，以修长、环转、一体为表现。龙鳞则以重环来表现。只是龙头保留了部分原型动物的特征。

第三阶段，龙的形体更加抽象，更为简化，人们不再追求表现真实存在的动物，而是将龙神秘化。于是，龙由具体可感 **jù tǐ kě gǎn** 的动物逐步演化为神的形象。

fèng niǎo
1.2.2 凤鸟

在中国悠久的历史文化中，除龙图腾以外，还存在着另一种特殊的图腾文化，即凤鸟图腾。中国自古就有"龙 **lóng** 凤呈祥""龙飞凤舞" **fèng chéng xiáng**　**lóng fēi fèng wǔ** 的词语，这都表明鸟文化在中国传统文化中的重要地位。

对于鸟的赞美、崇敬、向往之情在中国远古先民思想中长期存在。东北地区的鸟文化更可以追溯到 7000 年前。在辽宁，远古人类不仅将龙作为神进行祭拜，同时也在生活中孕育出独特的鸟文化，特别是对凤鸟的崇拜情结。

新乐遗址　木鸟雕

鸟 首 木 雕 （niǎo shǒu mù diāo） 出土于辽宁沈阳新乐遗址。新乐遗址距今有 7300 年历史，时间略晚于查海遗址。在这里，人们发现了一件炭 化（tàn huà）的木雕器。这就是现在通称的"木鸟雕"。这件木雕器长 40 厘米，呈扁平锥状。柄部雕成鸟首的形状，中间有镂空。这只鸟身体很大，尾巴很长，嘴巴很宽，身上的羽毛很整齐。它也是中国人传说中的神鸟，叫太阳鸟。太阳鸟是新乐原始人的一个图腾。新乐人将燕子和喜鹊的特征结合在一起，再加上一些自己的想象，就创作出了这只太阳鸟的形象。

有研究者认为这支木鸟雕是远古新乐人的发饰，只有首领一类的重要人物才有权利和资格佩戴这种发饰。它很可能就是部落首领表示自己身份地位的专用物品。

鸟 型 陶 壶 （niǎo xíng táo hú） 出土于辽西地区的石棚山遗址。陶壶的整体形状酷似一只昂首张嘴待哺（dài bǔ）的小鸟，陶壶的尾部有七个插孔，有可能是供插入羽毛使用。壶嘴为鸟首形，在鸟颈、鸟眼、鸟额处有黑色的彩绘，整个鸟首栩栩如生、活灵活现。

人 鸟 雕 塑 （rén niǎo diāo sù） 东港市后洼遗址出土了许多鸟形雕塑，其中一件雕塑为人鸟一体的造型。整体雕塑的上部有一个圆型孔，这说明此人鸟雕塑可用来穿挂佩戴。

当时，对于鸟图腾的崇拜已经渗透到辽宁地区民间文化中。即使到了今天，辽宁人仍然将燕子、喜鹊、鹰等鸟类视为吉祥之物。在一些少数民族的创世神话中，也有鸟的足迹。

在民间，有一个关于太阳鸟与满族祖先的传说。

在中国东北部有一座美丽的山叫长白山。因为山很高，山上的雪一直没融化。山的周围还有许多小湖泊，景色十分迷人。在长白山东北有一座小山，叫布库里山。山下有一个湖叫布库里湖。山和湖美得像画一样。有一天，天上的三位仙女来到布库里湖。她们看到湖水清 澈（qīng chè），山色秀美，就决定在这里沐浴一下。在她们沐浴的时候，一只太阳鸟静静的飞来。它把一颗小红果放在了年纪最小的仙女佛库伦的衣服上。小仙女上岸后，看见这么美丽的果子，就把它吃了下去。没想到，佛库伦因此怀孕。姐姐们看到这种情况，对小仙女说，这是天想要把你留在人间，你还是留下来吧。

于是，佛库伦就留在了长白山。不久，她生下了一个男孩。这个孩子姓爱新觉罗（ài xīn jué luó）。后来，小仙女佛库伦回到天上。相传，这个男孩就是满族的祖先。后来，满族人就将那只神鸟当作自己的图腾，希望神鸟可以保佑族人充满勇气地生活下去。

沈阳 太阳鸟雕塑

1.3 玉石崇拜
Yù shí chóng bài

1.3.1 玉文化
yù wén huà

　　在中国传统文化中,玉文化的内容相当丰富,其延续的时间也最长。"玉,石之美者。"这既说明了玉的石头属性,也说明玉的艺术、文化价值。在中国古代,玉是一切美好事物的象征,美丽的容颜被称为"玉容""玉貌",美好的品格被称为"冰清玉洁",赞颂人的风度是"玉树临风",称赞居所是"琼楼玉宇"。同时,玉以其温润含蓄的特征代表着一种宽厚、诚实、谦和的品质,而这也成为中华民族崇高的精神追求。

　　"崇玉"传统在中国远古时代就已经开始,大约在一万年前,远古先民就将玉从石头中分离出来,磨制成非生产用的器物,玉成为沟通人神的媒介,更是远古先民心目中的"灵瑞之物"。

　　辽宁地区曾是中国玉文化发展的中心之一。早在 8000 年前的新石器时代,辽宁地区的远古先民就开始使用玉。他们不仅率先识别了真玉,而且赋予玉器可以通神的概念。

 玉文化的起源

　　辽宁玉文化起于查海遗址。查海遗址不仅有迄今所知最早的龙形象,而且也有迄今所知最早的玉器。这里的玉文化成为辽宁玉文化的源头。

　　查海遗址出土玉器 40 余件。其中一部分为实用性工具,另一部分为非实用装饰品。

　　实用类玉器 包括玉斧、玉锥、玉凿等。这些玉制工具做工精细,形体规整,而且都有使用过的痕迹。一些玉制工具的刃部相当锋利,器上端顶部及刃部也有不同程度的磨痕。从这里也能看出这些玉器都是生产工具。

　　装饰类玉器 包括玉玦、玉匕、玉管、玉蚕等。这些工艺品加工精致、抛磨光滑,且均有孔或缺口,可以佩戴。这些玉器虽不具有实用价值,但却是拥有者身份地位的象征,或者是他们具有通神能力的标志。这些玉器也成为查海遗址中玉文化的代表。

　　玉玦 是查海遗址玉器中最具有代表性的一类。玉玦为正圆形,直径为 2.5 厘米,为一种耳饰品。但与现代的耳环相比,玉玦无论在使用方法,还是主要功能上都有明显不同。

　　玉玦的出土位置大多在人的两耳之下。当时的查海先民并不是将玦口卡在耳垂上的。他们追求长长的耳垂、硕大的孔洞贯穿耳垂,而玦就是放在耳垂

查海遗址 玉蚕

010

上的大耳孔中的。之所以会出现这种耳饰品,这符合了人类交往需要。在人与人进行面对面交流时,耳朵是让对方看到的最显著部位。硕大的耳孔与耳饰品,与人类的交际心理相吻合。

在功能上,玉玦不仅仅是装饰品,它的主要功能是通神。因为在与神灵的沟通中,耳的作用远远超过眼与口,先民们更希望听到神的旨意,所以为了引起神的关注,达到与神沟通的最佳效果,先民们就在耳朵上装饰玉玦。

阜新查海遗址 玉玦 中国乃至全世界已知最早的真玉器

从工艺水平看,玉玦的制作已经相当专业化。这说明在当时社会已经存在明确的社会分工。一些人被分化出来,从事专门的玉器制作。这些人就是早期的手工艺人。而佩戴这些精美玉器的人或巫(wū),在当时社会一定有较高的地位。

大连市长海县吴家村遗址
玉牙璧 目前所知时代最早

玉牙璧 是辽宁玉文化发展中的一个重要组成。玉牙璧多见于辽东半岛的史前遗址中。它是一种环状、外缘有齿牙形凸起(tū qǐ)的璧形器。其外缘与内钻孔缘都打磨得薄如刀刃。玉牙璧起源于一种原始渔民的实用工具。最初渔民们用玉牙璧来切断网绳。而后,玉牙璧开始具有礼仪上或宗教上的意义。在辽宁地区的史前遗址中,这些玉牙璧大多置于死者的胸部,而且孔的一侧留有长期佩戴磨损的痕迹,可知是挂在颈上的神物。特别是长海广鹿岛吴家村出土的玉牙璧孔部一侧已经磨成胆形,可见佩戴时间之长。像这样长期随身佩戴的玉器,也应与玉玦一样有着沟通人神的功能。

 玉文化的高峰期 (yù wén huà de gāo fēng qī)

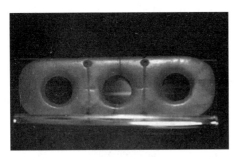

双人首三孔玉饰

玉龟壳

辽宁朝阳牛河梁遗址属于红山文化的范围。在这里出土的大量玉器,让人们看到了远古时期辽宁玉文化发展的繁盛景象。在这一时期,玉器的数量并没有大幅度提高,但玉器的种类却异常丰富。无论是动物形玉器(dòng wù xíng yù qì)、斜口筒形玉器(xié kǒu tǒng xíng yù qì)、勾云形玉器及玉(gōu yún xíng yù qì jí yù)璧(bì)等等,这些玉器都成为红山文化玉文化的代表。这其中代表性的文物之一就是前面提到的玉雕龙。它将玉与龙结合为一体,被视为中华传统文化的结晶。

斜口筒形玉器　是牛河梁遗址中最为多见的一种玉器。在遗址中,已出土此类玉器
18件。有人认为斜口筒形器的原型是玉龟壳(yù guī ké),其功能与占卜(zhān bǔ)有关;也有人认为这种筒
形玉器是臂饰(bì shì)或腕饰(wàn shì);更有人提出这种玉器是舀米的实用之器。

牛河梁遗址　斜口筒形玉器

　　但从出土情况看,斜口筒形器虽然整体光素无纹(guāng sù wú wén),但用料甚大,加上通体内外常
打磨精细,圆润光泽,出土部位又集中在头部或胸腹部,显示出它在红山文化中是很受重
视的一类玉器。

牛河梁遗址　勾云形玉佩

勾云形玉佩　有孔,为古人佩饰,因形似勾云,故称勾云形玉佩。它不是以衣身的佩
饰出现,而是单独存在的,这说明它可能是神权(shén quán)与王权(wáng quán)的象征物及通神的灵物。

　　在玉文化发展的高峰期,远古先民
存在着"唯玉为葬(wéi yù wéi zàng)"的习俗。牛河梁
遗址中,多数有随葬品的墓穴中,只随葬
玉器。这说明玉在当时不是普遍的使用
工具,而是地位、神权的象征。

牛河梁遗址　第五地点一号冢中心大墓

012

1.3.2 巨石文化
jù shí wén huà

　　在辽东半岛的南部，人们会发现许多感觉熟悉又陌生的地名，如"姑嫂石""石棚
地""大石棚"，这些看似普通的名字背后，其实隐藏着远古先民对生命永恒的祈祷。在
这些地方分布着一种神秘的大型巨石遗迹，它们就是中华民族文明起源的标志性建
筑——石棚。

英国　斯通亨奇石圈

智利　复活节岛巨人石像

　　对于巨石的崇拜，在世界许多地方都曾出现。远古先民们在各自的生活区域，以巨型
石头为建筑材料，构建出石圈、石阵、墓穴和祭坛。这其中广为人知的有英国的斯通亨
奇石圈（Stoneheng）、杜灵威环石墙（Durrington Walls），有秘鲁的马丘比丘石
城，有智利复活节岛的巨人石……辽东半岛石棚建筑也是中华民族巨石崇拜、巨石
文化的实物见证之一。

　　石棚，古称"石室"，因其形状宛如古代帝王
的"冠冕"，汉代又称其为"冠石"。石棚在辽
宁境内石棚主要分布于辽东半岛周边临水或临
河的山丘、山顶上，如盖州九寨石棚和石棚山石
棚，金县亮甲店石棚，庄河白店子石棚，复县台
子屯石棚，岫岩兴隆石棚，海城析木城石棚等。
据统计，辽宁境内已发现的石棚有百余处。在
诸多石棚中，以盖州石棚为规模最大，保存最
好，海城析木石棚（又称姑嫂石）次之。

盖州　石棚峪村　石棚

　　盖州石棚位于盖州市石棚峪村的石棚山上。石棚由四块花岗岩石板组成，方向为南
偏东 4 度。平面呈长方形，底部铺有石板，东、西、北三面各立有一块石板为壁，顶部盖有
整块石板，盖石长 8.6 米，宽 5.7 米，厚 0.7 米，石棚通高 3.1 米，占地面积约 50 平方米。
从侧面看，石棚南高北低，好像一个平盖房子。各石板内外壁面、侧面和抹角处均经过加
工，打磨光整。据国内外专家考证，此石棚迄今是我国保留年代最悠久、世界上最大的
石棚。

　　海城析木石棚，俗称"姑嫂石"，这里原有石棚两座，一座位于山上，俗称"嫂石"；一座

建于山下,俗称"姑石"。其中,山下"姑石"已经毁坏。现存的"嫂石"由东、西、北及顶部四块巨大的花岗岩石构成。棚高 2.8 米,上盖呈现长方形,长 6 米,宽 5.6 米,厚约 0.47 米,重约 10 吨。

从结构来看,石棚整体呈现汉字"示"(shì)的造型。"示"在甲骨文中代表灵石、桌石之意。辽东半岛石棚其实就是"示"字的原形。"示"字下面的"小"代表

海城　析木石棚

着石棚的三块积石和石块,上面的"二"长的"一"代表石棚顶部的大石板(shí bǎn),短的"一"代表放在石棚顶部的物品。由此,我们也可以推断辽宁地区的石棚应该是当时墓葬与祭祀集于一体的礼仪场所。

 ## 海城析木石棚的传说 (hǎi chéng xī mù shí péng de chuán shuō)

很久以前,在这个村子里,住着兄妹二人,父母双亡,二人以采药治病为生。不久,哥哥娶了媳妇。嫂子整天好吃懒做,小姑勤劳能干。一年春天,山村里闹了瘟疫(wēn yì),很多人得了病,眼看草药快用完了,哥哥因忙着给病人治病抽不开身,就打算让姑嫂二人进山采药。

这一天,天刚亮,姑嫂二人早早吃过饭就上路了。小姑子扛着锄头走在前边。嫂子则挎着满筐好吃的东西,一步三摇(yī bù sān yáo)地跟在小姑后面。不一会,嫂子走不动了,小姑见嫂子坐着不想起来,就让她在那里歇息(xiē xī),她一个人继续向山顶走去。

嫂子吃饱了,见小姑越走越远,树林里的风声吓得她胆战心惊,就对远去的小姑大声喊道:"姑姑——等等,姑姑——等等!"小姑拉着嫂子好不容易才登上山顶,顾不得累,忙着到处寻找草药。嫂子被山顶的美景迷住了,等她玩够了,见日头已经西斜,就对小姑说:"这山上哪有仙药?天快黑了,咱们回去吧!"已采满了一筐草药的小姑正要与嫂子下山,忽然狂风大作。狂风过后,小姑揉揉眼睛,见眼前站着一位白发老人,对她说:"好心的姑娘,快把那仙药灵芝(líng zhī)采回去给乡亲们治病吧!"小姑定神一看,见正前方的石缝里长着两束黄花,闪闪发光。嫂子一听说有仙药,马上大声问:"吃了仙药,能上天吗?"老人走过来,笑着说:"岂止能上天,还能起死回生呢!"嫂子一听能上天,忙把小姑推向一边,拼命地向灵芝扑过去,还没等她到近前,"啪"一下被那光芒击倒了。老人哈哈大笑,捋着胡子说:"要想得到仙药,得将石头掀倒。"说完,扬长而去。嫂子抢过小姑的锄头,向石头砍去。刨了几下,她就累得筋疲力尽,躺在草地上不动了。

小姑拿着锄头,对准石缝刨了起来,一下,二下,三下胳膊刨酸(páo)了,虎口震裂了,锄头刨断了。不知过了多久,石缝慢慢裂开了,灵芝草露了出来,嫂子看见,猛扑上去,拔下灵芝就要吃,小姑立刻拦住说:"好嫂子,你不能吃,这是给乡亲们治病的。"

"你真傻,我们把它吃了能上天享福。"

"不行,给乡亲们治病要紧,咱不能只为自己忘记有病的乡亲。"

小姑说完就一把将灵芝夺了过来向山下走去。嫂子跟在后面边走边想坏主意,当姑嫂二人来到万丈悬崖边,嫂子下了狠心,一把抢过灵芝,就势将小姑推到崖下。嫂子得意地望着灵芝,忽然灵芝变成了毒蘑菇,她正气急败坏地骂着,一脚踏空,也掉下了悬崖。

第二天,当哥哥和乡亲们在山下找到她们的尸首时,那位白发苍苍的老人又出现了,讲了姑嫂采药的经过,并告诉乡亲们抢救的办法。按老人嘱咐,乡亲们分别在山上和山下搭起了两座石棚,将灵芝熬成的仙药先给全村的病人喝了,又将剩下的一碗给姑嫂灌了下去。

三天以后,村里的瘟疫解除了。乡亲们都来到山上的石棚前,只见小姑的脸色由白变红,慢慢睁开眼睛,小姑变成美丽的凤凰,驾着祥云飞向天空。乡亲们又来到山下的石棚前,嫂子也睁开眼睛活了过来,她看到小姑飞向天空,忙喊:"姑姑——等等,姑姑——等等。"喊着,身子用力向上一纵,变成了一只布谷鸟。

1.4 女性崇拜

在远古时代,女神一直被视为生育繁殖、土地丰收以及人类祖先的象征,从而受到古代先民的顶礼膜拜。在辽宁地区,远古先民很早就产生了对女性的崇拜,在牛河梁遗址、东山嘴遗址出土的大型女性塑像,让我们看到了先民们曾存在过的女性崇拜意识。

先民们对于女性神像的崇拜大体分为三个方面,即生殖崇拜、始祖崇拜和大地崇拜。

 ## 生殖崇拜

生殖崇拜是先民的重要崇拜内容。一般认为,生殖崇拜包括两方面的内容。其一是对女性生育机能的崇拜,其表现形式为母体崇拜,特别是孕妇形象崇拜。其二是对性器官的崇拜。二者在红山文化遗址中都已出现。

东山嘴祭坛出土的小型孕妇塑像,特点是腹部凸起,臀部肥大,右臂弯曲,左手护腹,有表现阴部的记号。塑像明显突出了女性的孕育特征,令人感受到强烈的生殖崇拜气息。作为生育之神的女性塑像的出现,说明先民已将生育崇拜与地母崇拜结合在一起,意在祈求人丁兴旺的同时,祈求土地丰产、五谷丰登。

这些思想的产生与当时女性处于社会主导地位有重要关系。妇女在生产和生活中担任主角,取得了令人尊敬的社会地位。特别是氏族首领,在组织生产和处理人际关系方面发挥着日益重要的作用。在她们死后,人们为了表示崇敬,同时也为缅怀和追念其业绩,创造了各种各样的神像,以供人们崇祀。

类似的女性生殖崇拜在世界其他国家也曾出现。例如欧洲奥瑞纳文化妇女雕像,希腊新尼科门

东山嘴祭坛 孕妇塑像

dí yà yí zhǐ
迪亚遗址泥塑。这些泥塑神像也表达了与辽宁先民相同的思想。

shǐ zǔ chóng bài 始祖崇拜

祖先崇拜是氏族社会普遍流行的宗教观念之一。远古先民们以祭拜共同祖先的方
rèn tóng gǎn
式,加强氏族或部落成员的认同感。因为确定了祖先,就可以确立族群共同体。祖先崇
拜是从生殖崇拜中孕育出来的,它适应了当时社会传宗接代的需要,满足了部落内部保持
人丁兴旺的愿望。而由于生殖崇拜的盛行,最早被氏族成员认可的有真正血缘关系的祖
先当然是女性。

牛梁河遗址出土的女神头像,从形象上看,就已经超越了早期的生殖崇拜,而具有祖
先的色彩。

nǚ shén tóu xiàng
牛梁河遗址女神像是女神庙内出土的保存较为完好的女神头像。

牛梁河遗址　女神头像

这尊头像出土于圆形主室西侧。头像出土时平卧,头向
cán quē
东北,面向上,头顶部分缺失左耳,下唇残缺,左面颊和鼻
部有裂纹,但是面部整体保存完好。头像现存高 22.5 厘米,
为黄土泥塑。头像内部泥质较粗,外表打磨光滑。出土时表
面呈红色,嘴唇涂朱。头的后半部分短缺。头像面部轮廓为
yuán gū zhuàng　　　　yǎn wō
方圆形,额部宽平,上有一突起圆箍状饰物。眼窝浅
平,双目长而尖圆,眉毛上挑。双眼中均嵌有淡绿色圆形玉
片为睛。鼻梁低而短,鼻翼和鼻尖均呈圆头状圆。嘴部较
quán gǔ
长,嘴角圆而上翘。颧骨高起,面部表情呈微笑状。下颏圆而尖,双下巴。整个脸面上
部宽大而突出,下部从两侧、前端内收,略呈俯首状。通过对头像的脸型、眼、鼻等部位进
行分析发现,这尊女神头像具有明显的蒙古人种特征。

dà dì chóng bài 大地崇拜

随着原始社会生产力的提升,远古先民开始更加关心农业生活。他们祈求丰收的愿
望,对大地母神的崇敬比以往更加强烈。因此,人们从实际生活与生产需要出发,创造出
神以及对神的崇拜,希望通过对神灵表
达崇拜与敬畏之情,来获得神灵的帮助。
因此,大量出现的女神形象是赐予人们
丰收、收获的大地母亲的形象,是土地神
的形象。

在有女神像出土的遗址中,人们会
发现许多农业生产工具,如打制的掘土
lí sì
工具石锄、石刀和石犁耜等,尤其是石犁
耜,在各遗址中常有发现。这些实例都

牛梁河遗址　工具

表明当时社会的农业经济已较为发达。农业生产已经成为先民的主要经济来源。既然农

业生产在生活中占有如此之重的地位,那么祈求 风 调 雨 顺 (fēng tiáo yǔ shùn)、大地丰收则成为一种生存

需要,也成为向神灵祈福的主要内容。

016

在中国,古人对土地神的祭祀往往是将祭品直接埋入土中。以此来回顾一些女神像

出土遗址的情况,也与这种习惯非常相近。

牛河梁女神庙前山坡上共发现灰坑三个,灰坑中的堆 积 物 (duī jī wù)很有特色。陶器主要是日

常生活用器,但至今未发现有当时的居住址。这些器物显然是被人们有意地带入女神庙

这一祭礼区的;其中的一些器物原位破碎,显然不是在使用中因破损而丢弃的。同时坑中

有大量经过 烧 灼 (shāo zhuó)的兽骨,并且都是经过敲砸而破碎的大块动物四肢骨,又显然是先民经

过选择加工而成的。所以,这些都说明,当时远古先民在女神庙所进行的祭祀活动,是为

了祭祀土地神,而女神庙中的女神也就是当时的土地神。

牛河梁遗址 发掘现场

2. 都城遗址
Dū chéng yí zhǐ

都城也就是首都。在中国古代,都城是古代王朝的政治中心、经济中心、文化中心、军事中心。无论在哪个朝代,帝王们选择并修建都城都必定出于稳固统治的长久需要。因此,在都城的选址、布局、建筑、文化等方面都有着帝王统治者的精心考虑。都城的建设和构造既反映着一个朝代、一个民族的政治倾向与文化心理,也成为一个国家的缩影和一段历史的记录。

辽宁的城市建设历史相当悠久。位于辽宁西部的夏家店遗址(xià jiā diàn yí zhǐ),曾发掘出目前中国东北最早的城池。它的年代距今有 4000 年的历史。位于辽宁省桓仁县的五女山山城(wǔ nǚ shān shān chéng),作为世界文化遗产,是中国东北地区古代高句丽历史上建立的第一座都城(gāo gōu lì)。这座城是用花岗岩修建的山上石城。高句丽在古代为我们东北非常重要的少数民族政权,王朝建立于公元前 37 年,距今有两千多年的历史。此外,以沈阳为中心,包括辽阳、朝阳、新宾也都曾经作为都城在一段历史时期发挥着重要作用。

2.1 清朝旧都——沈阳
Qīng cháo jiù dū —— shěn yáng

沈阳位于辽河平原的中心,浑河的北岸。其境内地势平阔,河水充沛,土质丰腴(dì shì píng kuò hé shuǐ chōng pèi tǔ zhì fēng yú)。在东北三省中,沈阳是陆路交通的要道,自古以来就是东北名城和军事重镇。清朝建立后,第一个都城是沈阳。

名称由来
míng chēng yóu lái

"沈阳"这一名称开始于元朝,已经沿用了 700 余年。关于沈阳名称的由来,人们一般认为是源于沈水,也就是今天的浑河。辽金时代,因沈阳位于沈水岸边,将这里命名为沈州。元朝时,朝廷在沈阳设沈阳路,因其位于沈水北岸,而按中国传统习惯山南水北为"阳"的说法,故称这里为"沈阳"。但这只是现代人们的推测,其中难免有杜撰(dù zhuàn)成分。

沈阳究竟从何而来?这又与一段历史有关。据史料记载,公元 1224 年,蒙古军队攻占辽东地区。他们占领沈州后,将沈州城大火焚烧。40 年后,为了安置那里的高丽(gāo lì)民众,元朝又在原地重新修建了沈州城,并设立了政府机构,即"沈州高丽总管府"。公元 1296 年,元朝政府又将设立于辽阳的总管府与沈州总管府合并。为了突出两个地方之前的地名,就特意从辽阳与沈州中各取一字,就有了沈阳。这就是沈阳名称的由来和最早的历史记录。

沈阳 浑河

1625 年,努尔哈赤将都城从辽阳迁往沈阳。沈阳从此开始了它帝王之都的历史。1634 年,皇太极出于政治上的需要,将女真族改为满族,将大金国改为大清国。历史真正进入了清朝。沈阳则真正成为清王朝的兴盛之地。于是,沈阳又有了"盛京"的名称。

gǔ chéng bù jú 古城布局

公元 1388 年明朝时期,沈阳从原有的土城改建为砖城。新城以沈阳中心庙为中心,城外修筑两条护城河,十字型的大街将城内分割为四个街坊,各条大街直对东、西、南、北四门。

清朝迁都沈阳后,皇太极时期对明代的砖城进行了改建。公元 1680 年,康熙皇帝又对改建后的沈阳进行了扩建。经过改扩建后,沈阳内城城门由四座改成八座,分别为内治 nèi zhì 门、抚近门、德盛门、天佑门、怀远门、外攘门、地载门、福胜门。八座城 mén fǔ jìn mén tiān yòu mén huái wài rǎng mén dì zǎi mén fú shèng mén 门上建三层明楼,城墙四角,建四座三层角楼。

城内改十字街为井字街,分隔成九个街坊。在井字街上横的两个交点路口上,建有钟楼和鼓楼。同时,由于城市布局的改变,九个街坊的功能也被重新划分:中心区域建皇宫,周围建王府;城东南建天坛,城北建地坛,城东为堂子和太庙。 táng zǐ

外城为圆形的外廓墙,又叫关 wài kuò guān 墙。墙高七尺五寸,周长三十二里四十 qiáng 八步。城墙与关墙中间地带称为关厢,厢内设立八关,即大南关、小南关、大东关、小东关、大北关、小北关、小西关、大西关。八关与八城门相对应,关墙四周又开辟八门,俗称为边门,即大南边门、小南边门、大西边门、小西边门、大北边门、小北边门、大东边门、小东边门。

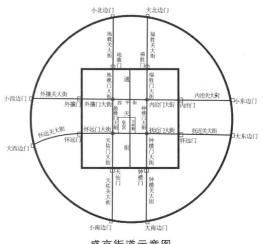

盛京街道示意图

盛京城　内外郭

至此,沈阳城形成了内方城、外圆城、对称四塔,八门八关八边门,以放射状街道相连的城市布局。这种布局在中国是唯一的,在世界上也是罕见的。这是中国古代都城规划史上的最后一例。

对于沈阳城的设计有个有趣的说法,当年建城是按中国八卦的学说规划的,即"太极 tài jí 生两仪,两仪生四象,四象生八卦,八卦应九宫"。沈阳方城内"中心庙"(沈阳故宫北墙外)就是"太极";钟楼、鼓楼为"两仪";方城外四座佛塔为"四象";八座城门为"八卦";最外的边墙也就是外城,圆像天,内城方像地,也符合天圆地方的观念。

盛京八门的来历

清朝,努尔哈赤迁都沈阳,由于时间紧迫,在此期间,对沈阳城的建设是边使用边修建,因此并未对沈阳城市进行大规模建设。直至皇太极继位后,开始重新规划、改造沈阳城。新城的建设于 1631 年竣工。新都城开辟出八座城门。皇太极决定沿用辽阳东京城八门之名,分别为内治、外攘、抚近、怀远及德盛、福胜、天佑、地载八大门。之所以沿用旧名,一方面是因为辽阳东京城八门的名字是太祖所定。皇太极以此来表明自己敬天法祖的美德;另一方面这也反映了皇太极的治国理念。内治、外攘、抚近、怀远是他治理国家的基本理念。内治就是对内治理国政;外攘是对外抵御敌人;抚近,则是有效地安抚近邻;怀远则是对待远方的政治集团或民族,不用武力征伐,而是用文化感召。而其余的德盛、福胜、天佑、地载则是寄托了对国家的美好期许,有国运绵长的吉祥之意。

沈阳　怀远门

<ruby>邓<rt>dèng</rt></ruby> <ruby>大<rt>dà</rt></ruby> <ruby>人<rt>ren</rt></ruby> <ruby>庙<rt>miào</rt></ruby> 邓大人庙

皇太极即位后,决定重修沈阳城。王公大

臣,王子<ruby>贝<rt>bèi</rt></ruby> <ruby>勒<rt>lè</rt></ruby>一致推举邓公池为建城总管。

沈阳　邓大人庙旧照

邓公池,汉族人,此人"<ruby>才<rt>cái</rt></ruby> <ruby>高<rt>gāo</rt></ruby> <ruby>八<rt>bā</rt></ruby> <ruby>斗<rt>dǒu</rt></ruby>,<ruby>学<rt>xué</rt></ruby> <ruby>富<rt>fù</rt></ruby>

<ruby>五<rt>wǔ</rt></ruby> <ruby>车<rt>chē</rt></ruby>"。邓公池接受了修建沈阳城的艰巨任务

后,翻阅了大批有关城建的资料,亲自沿明朝旧

城进行考察,<ruby>苦<rt>kǔ</rt></ruby> <ruby>思<rt>sī</rt></ruby> <ruby>冥<rt>míng</rt></ruby> <ruby>想<rt>xiǎng</rt></ruby>。他从《易经》中所

述的阴阳八卦之说得到启示。于是,他按照"太

极生两仪,两仪生四象,四象生八卦,八卦应九宫"的思想设计出沈阳城图。这份设计既显

示满汉民族风貌,又凝聚着汉族城<ruby>阙<rt>chéng què</rt></ruby>富丽堂皇的气势,更显示出邓公池严密的构思和

精确的计算。

几年后,沈阳城竣工,八门八关,东西南北,四通八达。皇太极看后非常高兴,屡次赏

赐银两,<ruby>加<rt>jiā</rt></ruby> <ruby>官<rt>guān</rt></ruby> <ruby>进<rt>jìn</rt></ruby> <ruby>爵<rt>jué</rt></ruby>,使邓公池刹时间<ruby>名<rt>míng</rt></ruby> <ruby>贯<rt>guàn</rt></ruby> <ruby>朝<rt>cháo</rt></ruby> <ruby>野<rt>yě</rt></ruby>。这使朝野中几个奸臣十分眼红。

一天,这几个奸臣悄悄对皇太极说:"邓公池修城是假,要断送大清基业是真。要不然,为

什么这么大的都城没留水门呢? 一旦大雨连绵,岂不是要全城淹没吗?"皇太极叫人将城

图拿来一看,果然图上没有水门。他立即大怒,不容分说下令将邓公池斩首示众。奇怪的

是邓公池头落尘埃,身子却不倒。皇太极有些奇怪,心想,莫非自己错杀了邓公池? 于是,

他找来与邓公池一起修城的监工和工匠,一问才知道,原来邓公池早已将城内潜水通道修

好,直通城外护城河,在城内挖了七十二条潜水管,用大块楼石砌好底部,上层用碎石填

满,最后金沙盖面。这样,既可以防止敌人挖开水门偷袭,又可保沈阳城<ruby>美<rt>měi</rt></ruby> <ruby>玉<rt>yù</rt></ruby> <ruby>无<rt>wú</rt></ruby> <ruby>瑕<rt>xiá</rt></ruby>,<ruby>浑<rt>hún</rt></ruby> <ruby>然<rt>rán</rt></ruby>

<ruby>一<rt>yì</rt></ruby> <ruby>体<rt>tǐ</rt></ruby>。至此,皇太极十分后悔错杀人才,于是,便对邓夫人好言相劝,赐银千两以示慰问。

从第二天开始,沈阳城大雨连下了三天三夜。第四天,雨过天晴,沈阳城果然没有一

点积水。邓公池含冤被杀,皇太极十分难过,他命人在怀远门外修建了一座"邓大人庙",

用那几个奸臣的头颅来祭祀邓公池的亡灵,又规定每年农历三月二十八日为吊丧日。

2.2 <ruby>辽<rt>Liáo</rt></ruby> <ruby>金<rt>jīn</rt></ruby> <ruby>古<rt>gǔ</rt></ruby> <ruby>都<rt>dū</rt></ruby> 辽金古都——<ruby>辽<rt>liáo</rt></ruby> <ruby>阳<rt>yáng</rt></ruby> 辽阳

辽阳位于辽宁省中部地区,古称襄平,又称辽东城、辽州、东平郡、东京城等。从地理

位置来看,东面为千山山脉,西面为辽河平原,南接黄河、渤海与辽东半岛相连,同时其境

内还有太子河与浑河经过。可以说,辽阳水路畅通,陆路便捷,一直是东北地区重要的交

通枢纽。

建城历史
jiàn chéng lì shǐ

辽阳的城市历史悠久。在东北地区的城市发展中,其城市历史最为明确、清晰。这座城市的建置就是一部东北地区的编年史。

早在公元前 284 年,燕国大将率领燕国军队击败当东胡,从此占据辽东一带,并在"衍水"(yǎn shuǐ)东岸设置了辽东郡,古称襄平(xiāng píng)。这就是辽阳城最早的行政建置,也就是辽阳城历史的开始。

辽阳 东京城 天佑门

东汉末年,中原战乱不断,大批中原人来到辽东郡谋生。这使辽阳在经济、文化、教育、艺术等方面都得到了空前发展。据史料记载,当时襄平城内人口达 30 万,工商业及文化极为发达。

辽、金时期,辽阳被定为陪都。辽初时,辽太祖封太子为东丹王,以辽阳为东丹国首都,重新修建了辽阳城。在辽统治的 200 年里,辽阳是"五京之一",其城市规模非常大。当时辽阳城东北角为宫城,南面有三门,四角有角楼。南北方为市集。早上人们汇集于南市,傍晚则汇集于北市。由于当时佛教盛行,辽阳不仅修建了许多寺庙,还建造了佛塔,其中的白塔就是辽宁境内最高的塔。

明朝时对辽阳进行了三次大规模建造。扩建后的辽阳有九个城门,角楼四座,分别是东南的筹边,东北的镇远,西北的平湖,西南的望京。从这四个角楼的名称,就可以看出当时辽阳城在东北地区政治军事上的重要地位。

后金时期,清太祖努尔哈赤将后金的都城赫图阿拉迁至辽阳,在太子河东岸新建了东京城作为都城,并将其先祖的坟墓迁至东京城的阳鲁山(yáng lǔ shān),建东京陵。现在辽阳仍保留着努尔哈赤所建都城东京城的部分城墙。

从史料记载来看,辽阳在历史上确实具有政治、军事、经济、文化价值。当年女真族(nǚ zhēn zú)占领辽阳后,灭了辽朝;蒙古族取得辽东后,彻底动摇了金朝的根基;后金在与明朝的战争中,攻克辽阳之后迅速决定迁都辽阳,这都说明辽阳不仅历史悠久,更具有天然的地理条件和战略优势。

城市布局
chéng shì bù jú

东京城城址位于东太子河岸,是清太祖努尔哈赤定都辽阳时所建的都城。这里东南、东北方均为山,西临太子河,东京城则建在突起的台地上。城垣(chéng yuán)为砖石合筑,东西长 896 米,南北宽 886 米,周长 3600 米,墙高 10 米。城平面呈方形。四面各设二门,南北、东西门,两两相对。东门左曰"抚近",右称"内治",西门左"怀远",右"外攘",南门左"德盛",右"天佑",北门左"福盛",右"地载"。门额(mén é)内外对称,外书老满语门名,内书汉语门名。

城内建有八角殿、汗王宫、堂子等。宫殿建在城内偏西处,当年清太祖努尔哈赤的八角殿,建于土岗上,至今遗址犹存。

tài zǐ hé de yóu lái "太子河"的由来

太子河,全长413公里,为辽宁省境内的第三大河。战国时,其称衍水(yǎn shuǐ),后改太子河。有关太子河名称的由来,民间流传着一段有趣的故事。

太子河 晚霞

太子河的"太子"说的是战国末年燕国的太子,他姓姬(jī),名丹,又称燕丹。太子丹生活在战国末期,公元前475—221年,在中国大地上,有秦、楚、齐、燕、韩、赵、魏"七雄"(qín chǔ qí yàn hán zhào wèi qī xióng)在角逐。他们持续战争,相互侵夺。战国末年,秦国逐渐强大了起来,这使的邻国燕国很是担心。

"七雄"中,秦国最为强盛,而燕国的军事实力相对弱小。国都在咸阳(xián yáng),领地包括今天的陕西及甘肃、四川。公元前230年,秦国攻打韩国。其后秦国又派大军攻打赵国,并逐渐逼近燕国的易水(yì shuǐ)(今河北省易县境内)。

燕国君臣都十分恐慌,太子丹更是心中忧虑。于是,他便与自己的老师鞠武(jū wǔ)筹谋办法。鞠武说:"秦国地盘广大,几乎遍布天下,威胁着韩、魏、赵三国。但秦国的意图还不明确,他们是不是打算攻打我们,还无法确定。"太子丹见老师这样说,又问:"那燕国现在该怎么办呢?"鞠武说:"请太子进去休息吧,让我考虑一下。"

过了几天,秦国将领樊於期(fán yū qī),得罪秦王,逃亡到燕国。太子丹将他留下来。鞠武劝阻说:"不可以呀。您这样做会召来秦王的怨恨,这对燕国的安全非常不利。您还是赶快将樊将军派往匈奴吧。"太子丹却说:"樊将军走投无路的情况下,归顺了我,我说什么也不能因为害怕秦国,而抛弃他。我当然知道这样会引起大祸,但是现在只能这样了。"

于是,鞠武向太子丹推荐田光(tián guāng)先生,希望田光可以帮助燕国渡过难关。田光为人正直,足智多谋(zú zhì duō móu),太子丹前去拜见田光时,田光说:"我年事已高,希望可以推荐我的好友

jīng kē
荆 轲给您。"

　　荆轲前去拜见太子丹,太子丹对他说:"现在秦国已经吞并了韩国,又准备攻打楚国,同时逼近赵国。燕国弱小,而且遭受了多次战争。现在就是举全国之力,也抵挡不了强秦。我有一个计谋,希望能召集勇士,前往秦国,以带给秦王厚礼为目的,劫持秦王。如果秦王能归还各诸侯国的领地,就放过他;如果他不答应,便刺杀他。秦国大将都在外,国内大乱,君臣猜忌,此时,各诸侯国联合起来,必能打败秦国。这是我的心愿。但是不知道哪位勇士愿意承担这项使命。请荆卿帮我留意啊。"就这样,在太子丹的请求下,荆轲接受了这个任务。

　　　　　　　　　　　　　　　hán dān
　　公元前229年,秦向赵国进兵,包围都城邯 郸 ,赵王信逃跑了。紧接着,秦军向北扩兵,到达燕国的南部边界。太子丹恐惧,请荆轲商议。荆轲说:"情况紧急。如果能将樊将军的头献给秦王,那秦王一定会接见我。这样我就可以刺杀秦王了。"太子丹不忍心,劝荆轲想其他办法。荆轲和樊将军说明原由,希望获得樊将军头,献给秦王,进而刺杀他。樊
　　　　bá jiàn zì wěn
将军于是拔 剑 自 刎 。

　　因秦军逼境,兵临燕国的易水。太子丹派荆轲与秦舞阳入秦,刺杀秦王。但遗憾的是荆轲刺秦王不成,被秦王杀死。

　　荆轲刺秦的失败,激怒了秦王。秦国立即增兵攻打燕国,并在公元前226年,攻下燕都城,燕王喜和太子丹逃往辽东(今辽阳)。秦国大将率军紧追增加,燕
　　　　　　　jiǒng pò
国形势十分窘 迫。当时,赵国公子写信给燕王喜,说:"秦国之所以这么快打过来,是因为太子丹的缘故。"后来,秦国军队进入辽东,追杀太子丹。太子丹
yǎn shuǐ
藏在衍 水 (今太子河)中。燕王为避免国家覆灭,在衍水河边忍痛杀了自己的儿子燕丹,以此向秦王求和。但秦王于公元前222年,出兵攻入辽东,俘虏了燕王喜,灭掉燕国。燕国在辽东共存在5年。今辽阳,同时也是燕国的第二国都。

太子丹与荆轲　易水送别

　　太子丹为了燕国的一切,想尽办法扼制强秦,始终未做投降派。传说辽东人民非常怀念他,敬慕他的爱国精神,于是就将衍水改为"太子河"。

　　Dōng běi lóng chéng　　zhāo yáng
2.3　东北龙 城——朝阳

　　朝阳位于辽宁的西部,古时有"柳城"、"龙城"、"营州"等不同称谓。这座古城西北与
jiē rǎng
内蒙古接 壤 ,西南与河北省相邻,属于三省交界地。从古至今,贯通长城南北,连接中国东西部的交通要道。
　　　　　dà líng hé gǔ　　　　　　　　　　dōng yí　dōng hú
　　朝阳以大 凌 河谷为中心,附近一直都是华夏与 东 夷 、东 胡 等少数民族交流的核心区域。处于朝阳境内的牛河梁遗址、赵宝沟遗址、小河沿遗址、夏家店遗址都表明,早在

024

朝阳　凤凰山

6000年前,这里已经进入了文明社会。以朝阳为中心包括内蒙古东部的赤峰在内的区域,是中华文明早期国家礼制的发祥地之一。

建城历史 jiàn chéng lì shǐ

朝阳被称为"龙城"是由前燕开始。前燕是由草原地区的游牧民族鲜卑族慕容氏（mù róng shì）集团建立起的政权。因慕容氏以"燕"为国号（guó hào）称谓,历史上将这三个相互衔接,由慕容鲜卑所创立的"燕国政权"称为"前燕""后燕"和"北燕",历史上简称"三燕政权"。在这个过程中,龙城作为三燕都城的时间长达94年。因此,朝阳也有"三燕故都（sān yàn gù dū）"之称。

公元4世纪,前燕统治时期慕容皝就已经开始大规模构筑龙城。龙城附近人口猛增,城市规模也不断扩大,逐渐成为东北的中心城市。公元360年,由于内部纷争,前燕灭亡。后燕慕容惜在位期间,又在龙城大兴土木,使龙城这座东北最大的都城得到了最大程度的发展。这里不仅是东北的中心城市,而且与中亚、西亚地区有文化交流与贸易往来。公元409年,拓跋氏被慕容鲜卑拥立为王,仍以龙城为都城,建立了北燕。直到公元

朝阳　三燕宫城门道

436年,北魏攻打北燕,燕国大败。北魏的士兵攻入龙城,将这里掳掠（lǔ lüè）一空。北燕末帝冯弘撤（chè）离（lí）时,放火焚烧（fén shāo）了龙城宫殿,大火十余日方熄。有"三燕古都"之美誉的龙城自此衰落。

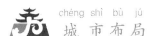

城市布局 chéng shì bù jú

"三燕"宫城城门遗址位于朝阳市老城区的南北轴线上,距离北塔有300米。城门遗址包括城门墩台（dūn tái）、门道、石子路、砖路和城墙。其中门址有三个门道,两侧有向东西延伸的城墙。按中国古代的等级制度规定,只有都城的城门才允许开设三门道。据此推测,这段城门是前燕始建龙城时建筑的南门。

宫城的结构由北向南逐渐收缩（shōu suō）,整体形状呈梯形（tī xíng）。北部东西长约800米,南北宽约500米。

3. 宫殿与帝陵

3.1 开国圣迹——盛京皇宫

　　宫殿既是国家政治活动的平台,也是王权的象征。在中国,它集中体现了古代宗法观念、礼制秩序及文化传统。没有任何一种建筑可以比它更能说明当时社会的主导思想、历史和传统。因而宫殿建筑是最能反映当时社会的建筑。

　　沈阳故宫也称盛京皇宫,是中国目前仅存的最完整的两大古代宫殿建筑群之一,至今已有 380 年的历史。这座清朝初期营建的皇家宫苑,在建筑上集汉、满、蒙族建筑于一体,具有很高的历史和艺术价值。它的建造风格与北京故宫有很大区别。

沈阳故宫　中路全景

建造历史
jiàn zào lì shǐ

　　公元 1625 年 3 月,努尔哈赤出于政治因素的考虑,决定将国都由辽阳迁至沈阳。沈阳在历史上第一次成为了一朝的都城。既然是都城,修建供汗　王居住与处理政务的宫殿成为迫切需要解决的问题。刚刚进入沈阳的努尔哈赤,急忙招募众多能工巧匠,在原来明朝中卫城的基础上,大兴土木,经十一年时间完成了沈阳故宫的主体建筑。后又经乾隆皇帝的拓建,最终形成了如今的沈阳故宫。

今日的沈阳故宫,依其建筑布局可以为三个部分:东部为努尔哈赤时期建筑的大 政 dà zhèng
殿 与十 王 亭;中部为皇太极时期续修的大内宫 阙,包括大 清 门 、崇 政 殿 、
凤 凰 楼、清 宁 宫以及关 雎 宫 、麟 趾 宫 、衍 庆 宫 、永 福 宫 等;西部为乾
隆时期增建的宫殿楼阁,包括文 溯 阁、仰 熙 斋、嘉 荫 堂、戏 台 等。整座皇宫占地7
万多平方米,共有建筑100多所,500余间。沈阳故宫不仅代表了清朝政权入主中原前皇
宫建筑的最高艺术成就,也是一例将满族建筑风格与汉族及其他少数民族文化特点整合
的帝王宫殿杰作。

代表性建筑

大政殿

始建于公元1625年,是努尔哈赤营建的重要宫殿。公元1636年,皇太极将其定命为
"笃 恭 殿 "。"笃"为忠实、诚实之意;"恭"为奉行之意。"笃恭"可以理解为忠实地奉行。
当时,皇太极继承父亲努尔哈赤的汗位。以"笃恭"为正殿的命名,也是要表明自己忠实奉
行老汗王治国思想。

沈阳故宫　大政殿

大政殿是皇帝工作或举行仪式的场所。这是一座八角形建筑,又称"八角殿"。殿总
高近21米。殿顶最高处是象征美丽吉祥的彩 色 琉 璃 宝 顶,八条屋脊上各立有一个彩
色琉璃烧制的力士。它们姿态各异,好像用力牵引着绳索加固宝 顶。殿顶用黄、绿色琉
璃瓦覆盖。殿内有八根红色柱子。柱子上面画着彩色的云龙。这些龙形态各异,栩栩
如生。

大政殿有八扇木门,分别朝八个不同的方向。其中最引人注目的是南侧殿门外柱上的金龙。龙头两两相对,非常威严。据说把这两个神兽装饰在建筑上,既可以带来福祉,又可以体现统治者的威严。

大政殿的下部是两米多高的砖石台基,四面都有台阶,其中南门前正中是专供皇帝出
入的御路_{yù lù}。公元1627年皇太极就在这里登基,接受朝贺之仪。

十王亭 shí wáng tíng

大政殿前的广场上,建有十间房屋。这些房屋形状跟亭子相似,俗称"十王亭"。"十
王亭"也叫"八旗亭" bā qí tíng,它们在广场的东西两侧,排列的形状与汉字的"八"相同。"十王亭"
是为十位重要官员准备的,他们可以在此办公或者与皇帝讨论国家大事。官员的职位越
高,他的亭子离皇帝的大政殿越近。在中国宫殿建筑中,让皇帝与官员一起工作的建筑是
独一无二的。

沈阳故宫　十王亭

"十王亭"的设立与清朝的八旗制度有密切关系。在清朝,按照社会地位的高低,满族
人被分为八个等级。每个等级都有一面旗帜。根据身份的高低,旗的颜色分为正黄、镶 xiāng
黄、正白、镶白、正红、镶红、正蓝、镶蓝。大政殿的"八角形"与十王亭的八字排列都是八旗
制度的一种表现。

"十王亭"中有八座分属于八旗。每当大政殿前广场举行大型典礼活动时,这八旗的
官兵分别排列在本旗亭子前面的空地上,接受皇帝的检阅 jiǎn yuè。这些亭子不仅体现了当时满
族国家的政治特色,而且建筑的形式很像他们平时作战或狩猎时所使用的帐篷。在建筑
风格上具有满族特色。

崇政殿 chóng zhèng diàn

崇政殿是皇太极临朝听政、接受朝贺的地方。"崇"为尊重的意思;"政"为德政的意
思。"崇政"则是推崇德政,以德治理国家。这也是皇太极治理国家的基本思想和施政
宣言。

按中国历代皇宫建筑的标准来看,崇政殿的造型既不高贵也不雄伟,这与当时满族政
权的统治范围和经济、文化发展水平有直接关系,但这座大殿却富于民族特色。不仅殿顶

和四角装饰有琉璃构件,前后殿柱顶还有各种形象生动的木雕飞龙,屋檐则装修为西藏佛教风格。

沈阳故宫 崇政殿

殿内的殿柱下部为红、蓝、白三色相间的海水图案。上是 腾 飞(téng fēi)的金龙,周围点缀火焰和云朵图案。屋梁上绘有金龙、彩云和各式花草,既神圣高贵又祥和自然。

皇太极在位时期,崇政殿的使用最为频繁,除了商议政事,还接见国外使臣、举行宴会和皇家的订婚礼仪活动。

凤凰楼 fèng huáng lóu

凤凰楼原名翔凤楼,这里是皇太极和后妃们议事、读书、休息和宴会的地方。这里曾是沈阳城内的最高建筑,曾以" 凤 楼 晓 日(fèng lóu xiǎo rì)"被誉为盛京八景之一。

凤凰楼建造在 4 米高的青砖台基上,为一座三层楼阁。其外观造型精美,尺度适宜,正门门楣上的"紫气东来"的龙匾,为乾隆皇帝御笔所撰。在古代,皇帝们将自己的家称作紫禁城,紫色是非常尊贵的颜色。再加上"紫"字与"紫气东来"同义,即以" 祥 瑞 云 气(xiáng ruì yún qì)"象征皇帝,使得人们对紫色更加敬畏。同时,也有清王朝的国运兴起于东方的意思。凤凰楼三层内檐绘有彩画装饰,具有极高的历史价值。

沈阳故宫 凤凰楼

从乾隆年间开始，凤凰楼还被用来存放重要的宫廷文物，如历史档案、皇帝画像和玺 xǐ
印 等。 yìn

沈阳故宫凤凰楼 紫气东来匾

清宁宫 qīng níng gōng

清宁宫是皇帝、皇后居住与拜祖先的地方，
也称"中宫"。虽然叫中宫，但宫廷的大门却不
在中间，而是在右侧第二间房。这种房屋叫
"口袋房"。清宁宫里没有床，只有炕，而且 kǒu dài fáng
南、北、西三面都是炕。三面的炕组成了"匚"形
状，叫做"万字炕"。 wàn zì kàng
口袋房、万字炕与满族人的生活习惯有关。

万字炕

满族人生活在中国东北。因为那里天气寒冷，所以他们靠口袋房来抵御大风，靠万字炕来
抵御严寒。

在清宁宫的门前，有一根 7 米多高的木杆。木杆的顶部有一个碗。这个木杆叫"索伦 suǒ lún
杆"。在满族人心里，"索伦杆"非常神圣。宫廷里每天有人将大米或肉放在碗里，来喂养 gǎn
乌鸦。这个习俗与一个传说有关。在一次战争中，清朝的皇帝努尔哈赤被敌人追杀。他 wū yā
实在无处可逃，就躺在草地里。突然一群乌鸦落在他的身上。敌人只看看黑压压的一群
乌鸦，根本找不到努尔哈赤，便失望地离开了。后来，努尔哈赤成了皇帝。为感谢乌鸦的
救命之恩，他要求满族人在自己的院子里立起"索伦杆"，放上美食，供乌鸦享用。

文溯阁 wén sù gé

文溯阁是清代著名的藏书阁，建于乾隆年间。这个名字出自"溯涧求本"的诗句， cáng shū gé sù jiàn qiú běn
表示不忘祖宗创业艰难的意思。文溯阁外观为 2 层，每层 6 间。屋顶为黑色琉璃瓦，四周
是绿瓦剪边。屋脊采用海水流云的琉璃构件，仍以绿色为主。这座阁楼的屋顶之所以采
用黑色与中国五行学说有关。按五行的说法，黑色代表水，水可以灭火，用黑瓦铺顶，就 wǔ xíng

030

是象征着藏书阁有了水的保护，不会发生火灾。

文溯阁是乾隆皇帝为存放《四库 全 书》（sì kù quán shū）而建的七座著名藏书楼之一。《四库全书》是清政府从公元 1772 年开始，用十余年时间编 撰（biān zhuàn）、抄录成的丛书。它是中国古代收书最多的大型丛书。

沈阳故宫　文溯阁

文溯阁的门额悬挂与其他宫殿、楼阁都不太相同。按照惯例，门额应该悬挂到顶层檐下。但是，文溯阁门额却被悬挂在低矮、昏暗的下层廊檐内，并且形体硕大，比沈阳故宫其他门额要大出好几倍，显然与清代宫廷建筑规制不符。

据记载，乾隆四十六年（1781 年），为分别收藏《四库全书》，乾隆皇帝在沈阳故宫西侧修建文溯阁，将《四库全书》分期分批从北京护送到沈阳故宫文溯阁入藏。乾隆四十八年春，北京故宫总管内务府造办处，将这块硕大的"文溯阁"匾 额（biǎn é）送到沈阳故宫，还带来安装文溯阁门额的图样。

但是，施工工匠们没想到，这块按照北京文渊阁量体设计制造的门额，拿到沈阳文溯阁后，却成了庞然大物，根本无法安装到沈阳故宫文溯阁顶层檐下。当时的盛京将军见状，便上报朝廷，请求重新制造文溯阁门额。但因乾隆皇帝将到沈阳东 巡 祭祖（dōng xún jì zǔ），重新造门额时间来不及。内务府总管大臣和珅，将此事奏请乾隆皇帝。乾隆皇帝下旨：按照圆 明 园 文源 阁（yuán míng yuán wén yuán gé mén）门额挂法处理。于是，沈阳故宫文溯阁门额，便悬挂到如今这个位置上。

沈阳故宫　文溯阁　门额

嘉荫堂和戏台（jiā yīn táng xì tái）

嘉荫堂是一座书斋（shū zhāi）式房屋。它是专供皇帝东巡时赏戏，临时召见大臣的地方。这座建筑造型与装饰都非常朴素典雅。屋顶没有代表高贵身份的琉璃瓦，只是普通的灰色泥瓦。室内装饰也力求简朴。

嘉荫堂正前方为戏台，台高 90 厘米，演出面积为 60 多平方米，台面立绿色梅花柱 12

根,四面对称,三面开敞,底部有半米高绿色栏杆。戏台东西两侧,各有宽廊七间,是供随同皇帝来此看戏的王公大臣看戏的地方。

沈阳故宫 戏台

3.2 万年吉地——清福陵
Wàn nián jí dì / qīng fú líng

福陵位于辽宁省沈阳市东郊的天柱山上。这里是清太祖努尔哈赤和孝慈高皇后叶赫那拉氏的陵寝(líng qǐn),因为位于盛京的东边,故又称"东陵",是著名的"盛京三陵"(永陵、福陵、昭陵)之一。

沈阳福陵 全景

努尔哈赤是清王朝的创业君主。他最初是只是明朝的小官。从公元1583年开始统一女真族(nǚ zhēn zú)各部落。公元1616年正式称汗自立,创建了"后金"政权。此后,力量逐渐壮大,开始与明朝中央争夺政权。公元1626年,在一场重要战役中,努尔哈赤负了重伤。同年8月11日,死于离沈阳四十里的瑷鸡堡,终年68岁。

清福陵的修建工作从公元1629年3月才正式开始,到公元1651年竣工。以后又经过康熙、乾隆等朝的增建,逐渐形成了今天这样一组完整的陵寝建筑群。

032

jiàn zhù bù jú
建筑布局

福陵占地辽阔,山面水而建,前低后高,南北狭长,其建筑格局可分三个区:

dà hóng mén wài qū
大红门外区

这是陵寝的接引区,包括从浑河北岸至大红门的范围。在这里,保存着福陵最早的建筑,那就是大红门东西两侧的下马石牌坊。这对石坊已有 300 多年历史。石坊（shí fāng）为四柱三间三楼,长 10.5 米,宽 3.13 米,柱方形,上面雕刻着仙人、鹿、松柏等图案。坊心用汉、满、蒙三种语言刻着"往来人等至此下马,如违,定依法处"字样。

沈阳福陵 大红门

大红门为仿木结构,黄色琉璃瓦覆顶。面阔 12 米,进深 6.9 米,三间拱形门洞。中间为神门,是神灵及祭物通用的;左边为君门,是祭陵时皇帝走的;右边为臣门,王公大臣通用之门。

shén dào qū
神道区

这个范围南起大红门,北到方城,这才是进入陵寝的正式区域。从这里开始,建有专供神灵及神物通行的神道。

对神道的设置,清代陵墓有一项特殊的规定,即神道与隆恩门之间必须修建一座建筑做隔断,名曰"一眼望不断",寓意大清江山万事一系。为此,福陵不仅建有神功圣德碑,而且根据地理条件还修有一百零八蹬。

"福陵天蹬"俗称"一百零八蹬（dēng）","欲知福陵绝佳处,石阶送尔上天登";福陵天蹬是明清

沈阳福陵 一百零八蹬

皇陵中独一无二的建筑形式,那么石阶为什么要修一百零八级呢?一种说法与星宿（xīng xiù）有关,相传天上有三十六天罡星（tiān gāng xīng）,七十二地煞星（dì shà xīng）,"一百单八蹬"寓意将天罡地煞星踩于脚下,以保福陵平安无事。也以此显示至高无上的皇权。另一种说法与佛教有关,佛家认为人生有 108 种烦恼,为去掉这些烦恼,念佛要 108 遍,晓钟要叩（kòu） 108 下,佛珠要用 108 颗,所以佛教建筑多与此数有关。据专家考证一百零八蹬的建筑形式在全国仅有两处,另一处在山西五台山上的菩萨顶（pú sà dǐng）。

在神道两侧放置的石像生（shí xiàng shēng）是一种墓前镇邪的石像。人们相信它能保护墓主安全。这些石像依次分别是石狮、石虎、石马、石骆驼。据说,石马是仿当年努尔哈赤的坐骑

龙马——一种典型的蒙古马雕刻的。

福陵中的石 ^{shí wàng zhù}望柱为三对,其中一对位于大红门前,其余两对在石像生的首部和尾部。红门前的石望柱为八棱体,每个云板上都刻有文字,一个为"日",一个为"月"。其基座为三层莲花座。石望柱上各坐犼 ^{hǒu}一只,相传犼是龙的九子之一,因其好望,故让其守陵。

大碑楼 ^{dà bēi lóu}也叫神功圣德碑楼,碑楼建于公元 1688元。楼内有一康熙皇帝亲笔的"大清福陵神功圣德碑"。碑文是用满汉两种文字雕刻的,上面详细讲述了努尔哈赤的生平,创业的艰辛以及丰功伟绩。内立康熙皇帝亲撰的"大清福陵神功圣德碑",碑文用满、汉两种文字书刻,记载着努尔哈赤的功绩。碑座为"龙趺 ^{lóng fū}",此"龙"4 足,是龙生九子之一,力大无比,名曰"赑屃 ^{bì xì}"。因它喜欢负重,故人们多用它来驮碑。龙趺下是"地伏",上面雕刻海水江涯(又称"寿山福

沈阳福陵 石像生

海")。地伏四角各雕一凹形海水漩涡 ^{xuán wō},每个漩涡各雕一鱼、鳖 ^{biē}、虾、蟹 ^{xiè},其造型逼真,活灵活现。鳖的神态是半身伸出水面,做爬行状。虾和蟹好像在水面游动,鱼在水中得意穿梭,有一股急流从鱼的腰间穿过。皇帝是所谓的"真龙天子",是龙的化身。龙又是大海的主宰,此处雕刻虾、蟹的图案,因为虾兵蟹将是龙最忠诚的"侍卫"。

福陵的神功圣德碑有一种奇特的现象,每当阴雨天气,碑身的背面会显现宽袍大袖,飘飘然如踏云而来观音侧身像,所以又称观音石。碑楼内地伏四角漩涡,每到阴雨天就会蓄满水。

方城区 ^{fāng chéng qū}

方城区是福陵的核心区域,因其院墙为方形而命名。这里分为两个部分,南半部为祭祀区,是活人活动的地方,帝王将相在此处行礼祭拜;北半部为宝顶区域。努尔哈赤等墓主就安息在宝顶之下的地宫之中。

沈阳福陵 隆恩门

隆恩门 位于方城南墙正中,其形体为三层式楼门。门额上用满蒙、蒙、汉三种文字
写着"隆恩门"三个大字。门洞上的三层楼俗称"五凤楼"。隆恩门两侧有八棵松树。它
们的形状好像皇帝生前文武大臣垂手站立于门前,故称为"站班松"。

隆恩殿是祭祀的重要场所。大殿四门八窗,四周为十二根廊柱,外檐彩画为最高等级
的彩画,殿内梁柱外露,上面绘有彩画。殿顶铺黄色琉璃瓦,檐角飞翘,檐下有蓝底金字的
"隆恩殿"匾额一块,其书写方式十分有趣,即以满文居中,而蒙汉各列左右,突出地强调了
满文的重要性。因为满文竖着书写时顺序是从左至右,而汉文竖着书写是从右到左,两者
恰好可以合在一起。

沈阳福陵　隆恩殿

明楼是陵寝中的"名楼",因为在这里的二层房檐
上悬挂着一块匾额,上面书写着"福陵"两字,这正是
本陵的名字。明楼内有一朱砂碑,碑上用满、蒙、汉三
种文字刻着"太祖高皇帝之陵"。"太祖高皇帝"就是
努尔哈赤。所以这块碑也叫"圣号碑"。

方城北部是月牙城,下面正中有一突起的宝
顶,宝顶下为埋置灵柩的地宫。古人认为"天有阴
晴,月有盈亏",满月象征团圆,而月牙则代表离散。
人死谓之亏,所以把这修成月牙形,以示悲哀。

沈阳福陵　明楼

在月牙城中有月牙影壁。这座影壁正中的"盒子"内镶有用琉璃做成的象征富贵的
牡丹花及花瓶,花瓶里开着有大大小小十一朵牡丹花。现代人发现,影壁上那正好不多不
少的十一朵花,居然代表着清朝的十一代帝王。这十一朵牡丹花,暗喻从顺治入关到清王
朝灭亡,前后十一个皇帝。花的大小,表示着每个皇帝的在位时间和寿数及兴旺程度。在
这些形态各异的花朵中,有两朵小小的花骨朵,这两朵小小的花骨朵象征着顺治和同治,

这两个皇帝分别只活到 19 岁和 24 岁就夭折了。有七朵大花,证实了清朝有七个皇帝的寿岁超过了 58 岁,而这七朵大花也是有大小差异的,其中有两朵大一点的,指的是康熙和乾隆。这两个皇帝在位时间最长,活的岁数也最大,也是清朝的鼎盛时期。上面有两朵不大不小的中等花,象征着是光绪和咸丰,他们都是中年而逝。当然,这些解释只是后人的揣测。

沈阳福陵　月牙影壁

3.3　启运福地——清永陵
Qǐ yùn fú dì　　*qīng yǒng líng*

清永陵,位于辽宁新宾满族自治县,是清朝的祖陵,内葬着努尔哈赤的曾祖、祖父、父亲及伯父、叔父以及他们的福晋。这是中国现存规模较大、体系完整的古代帝王陵寝建筑群之一。

清永陵所处的位置叫启运山 *qǐ yùn shān*。这座山形如巨龙,山前有苏子河、草仓河流过,东西两侧有鸡鸣山和凤凰山环绕,历来有"天下第一福地"的美称。公元 1651 年,顺治皇 *shùn zhì huáng* 帝 *dì* 封此山为"启运山",意思是开启清朝美好国运,希望大清的万年国运可以从此开始。

新宾　清永陵　全景

建筑布局
jiàn zhù bù jú

清永陵的建筑从西北向东南。全陵前后有三个院落,共 11000 余平方米。

dì yī jìn yuàn luò
第一进院落

036

院落正门为高 5.4 米、宽 10.7 米的"大红门"。门顶为黄色琉璃。大红门两侧为围绕陵寝
fēng shuǐ hóng qiáng   qīng wǎ
的"风 水 红 墙 "。红墙东西两侧各有一侧门,东为东红门,西为西红门,门顶为青 瓦 建筑。

大红门向北为笔直的神道。神道南起大红门,北接启运门。

zhào xìng sì zǔ
院落正中是一字排开的四座碑亭,分居神道左右两侧。这就是"肇 兴 四 祖"的神功
zǔ sūn fù zǐ shēng tóng jū   sǐ tóng yù
圣德碑亭。原始的满族人有"祖 孙 父 子 生 同 居,死 同 域"的传统,而后世的满族人
sì shì tóng táng
则讲究"四 世 同 堂"。"肇兴四祖"辈分不同,长幼有别,但这四座碑亭建筑形式完全一
致,坐北朝南,东西并列,不分先后大小,不讲辈分高低。

新宾　清永陵　四祖神功圣德碑亭

zuò lóng
在四座碑亭前后门两侧的墙壁上,各盘坐着两条龙,人称"坐 龙"。它们前爪直立撑
地,尾部卷坐壁底,像狗一样坐着。狗是满族祖先的崇物,龙则是中华民族的图腾物。狗
曾经救过努尔哈赤的命,满族的祖先因游牧、狩猎而崇尚狗,称其为天龙,将龙与狗合为一
体,坐龙便诞生了。

新宾　清永陵　碑亭坐龙

第二进院落
dì èr jìn yuàn luò

  院落最南为启运门，与神道相连接。启运门也叫"内宫门"，是宝城的门户。它是由
qǐ yùn mén
六扇朱红门板制成的，每扇门板上装饰着八十一颗望金铜钉，并各配有一个银门环。在封
建社会里，自然数字以九为大，皇帝则被称为九五之尊，所以皇家的门上要横九排，竖
jiǔ wǔ zhī zūn   héng jiǔ pái shù
九行，装饰八十一颗铜钉。文武百官品级越低，自家门上铜钉越少，而老百姓的门上则
jiǔ háng
不许钉铜钉，因此才叫做"白钉"。
bái dīng

新宾　福陵　启运门

  启运门左右两侧为红墙，内外建有四组国内罕见的大型陶制龙壁"五彩云龙"。
lóng bì wǔ cǎi yún lóng
龙姿优美，栩栩如生。它们经历四百年风雨，至今仍壮美如初。

  院落北端为启运殿，也称"享殿""大殿"，是
qǐ yùn diàn   xiǎng diàn
祭祀的主要场所。启运殿内置暖阁四座，为四祖神灵
jì sì
休息之所。暖阁前置龙、凤宝座各四，宝座上置神牌。
殿后墙有一扇门。这扇门直接通向宝城。殿外三面
环廊。龙吻透雕"日"、"月"二字，各分东、西取"破
tòu diāo
明"之意。

新宾　福陵　五彩云龙

第三进院落
dì sān jìn yuàn luò

  穿过启运殿，就进入了陵寝的宝城。这里分两层。上层为三个宝顶，分别为兴祖
bǎo chéng
居中，左为景祖，右为显祖。肇祖原皇帝居东北角，没有宝顶，只有衣冠。整个宝城为马蹄
mǎ tí
形，其围护城墙为八角半圆形。

  在兴祖的宝顶之前有一棵神树。民间还流传着与神树有关的故事。相传，明朝末年，
崇祯皇帝当政的时候，夜观天象，发现辽东地区有紫气滚滚而来，就像百条神龙在
chóng zhēn huáng dì

腾云驾雾。他怕龙出世后夺走自己的皇位，就从南方找来一个风水先生到东北破除这一百条龙脉（lóng mài）。风水先生来到东北，只要发现龙脉，就在龙脖子上挖一道大深沟，意思是割了龙首，或在龙头上压个小庙，以表示镇住了龙气。就这样，他们一连破了九十九道龙脉。剩下一条离地三尺的"悬龙（xuán lóng）"。他想，既然是悬龙，不附在地面上，也就形不成龙脉，不破也罢。于是，他便回京复命去了。

新宾 福陵 神树

努尔哈赤祖先在长白山被其他部落打败。努尔哈赤的祖父背着父亲的尸骨，沿着长白山走下来，打算给自己的部落找一个落脚的地方。这天，他来到苏子河边，烟囱（yān cōng）山下，见天色已晚，就住进附近一个小店。可是，店主人见他身背骨灰匣（gǔ huī xiá），说什么也不让他进店。没办法，他只好背着父亲的骨灰匣走出小店，来到龙岗山脚下，见有一棵大榆树，树干离地三尺分叉，于是便把骨灰匣放在上面，准备次日来取，然后回客店住下。

第二天，他来取骨灰匣，打算继续赶路。可骨灰匣怎么拿也拿不下来，越使劲越往里长。一着急，他急忙借来一把斧子，想把树杈（shù chà）劈开，可是一斧子下去，大榆树竟流出几滴血来。他赶紧找来一位风水先生，风水先生来到这里，看了看大榆树，又看了看周围的山形地势说："这儿是块风水宝地，前有烟囱山相照，后有龙岗山相依，龙岗山有十二个山包，你家里将有十二代皇帝。天意不可违，你就把尸骨葬在这里吧。"原来，那条"悬龙"正盘在这棵大榆树上，被努尔哈赤的祖先给压中了。

努尔哈赤的祖父葬好骨灰匣，就回到长白山，把部落迁到离龙岗山不远的赫图阿拉（hè tú ā lā）住了下来。后来，努尔哈赤以父祖被害为由，起兵反明。他东征西讨，真的打败了明朝。

Zōng jiào yǔ zōng jiào jiàn zhù

4. 宗教与宗教建筑

hé ér bù tóng　　　　zhōng guó rén de zōng jiào guān
"和而不同"——中国人的宗教观

　　宗教文化是中国传统文化的重要组成。中国的思想家孔子说过："君子和而不
tóng
同"。在宗教信仰上,中国人很好地展现了自己的宽容。无论是佛教、道教、伊斯兰教、基
督教,还是少数民族宗教,这些宗教信仰既相对独立,又相互融合。它们共同影响着中国
人的精神生活,也塑造着中国人的品格。

　　对于宗教信仰,中国人的宽容度极大。人们可以自由地选择一种信仰,也可以同时信
dào guàn kòu bài　　　　　fó sì
仰几种宗教。每到传统节日,许多中国人既会去道观叩拜,也会去佛寺祈求佛祖保佑
平安。于是,各种宗教和平共处,达到了你中有我、我中有你的程度。

zōng jiào jiàn zhù de zhǒng lèi

宗教建筑的种类

　　宗教建筑是人类宗教思想、民族审美观念
与建筑技术的结合。在中国,影响较大的宗教
fó jiào　dào jiào　yī sī lán jiào　　jī dū jiào
有佛教、道教、伊斯兰教和基督教。它们
的建筑各不相同,但都记录着中国某个朝代、某
个地区的文化与历史。

葫芦岛　龙华寺

fó jiào jiàn zhù

佛教建筑

　　中国佛教源于印度,自汉朝末年传入中国,距今有 2000 多年历史。中国的佛教建筑
主要分三大类:
sì yuàn
　　寺院:"寺"最早是中国古代官府的名称,后来成为供奉佛像、存放佛经、举行宗教活
diàn táng lóu láng tíng tái
动和僧人居住的场所。通常寺庙中会有殿、堂、楼、廊、亭、台等中国传统建筑类型。

hé nán shěng luò yáng　　bái
　　中国最早的佛教寺院是河南省洛阳的白
mǎ sì
马寺。

fó tǎ　　　fú tú　　fú tú
　　佛塔:也称"浮屠""浮图",原意是"坟"。与
fó zǔ yí gǔ　　shè
中国的陵墓相似,是用来埋存佛祖遗骨(也叫舍
lì
利)的建筑。由于塔的造型精美,而且经常装饰有

沈阳　舍利塔　　　沈阳　北塔

jīn yín liú lí mǎ nǎo
金、银、琉璃、玛瑙,所以称为"宝塔"。中国佛塔在形状方面,以方形、八角形占多数;在
层数方面,以单数为主;在材料方面,有木、石、砖等。

shí kū
石窟:依山岩修建的洞窟式佛寺,里面有佛像或

bì huà
佛教故事的壁画。目前,中国保存完好的石窟在数
量、时间、分布范围、艺术水平等方面都是世界之最。

义县　万佛石窟

dào jiào jiàn zhù
道教建筑

　　道教为中国的本土宗教,最初产生于民间。最早

dòng shí shì cǎo táng
道教的活动场所主要在山区,那时的道教建筑只有洞、石室、草堂等民居房屋,强调亲
近自然。随着影响扩大,道教建筑开始出现在城市中。此后,道教进行宗教活动的地方通

gōng guān miào   diāo sù
常叫宫、观、庙。道教建筑多为传统的木结构,以砖、瓦为墙,内部用雕塑、绘画、书
法装饰。

千山　五龙宫

yī sī lán jiào jiàn zhù
伊斯兰教建筑

qīng zhēn sì   lǐ bài de dì fāng
　　伊斯兰教建筑的代表是清真寺,意为"礼拜的地方"。与其他宗教建筑不同,清

táng cháo
真寺并非供奉神的地方,而是信徒们做礼拜的地方。伊斯兰教在唐朝时传入中国。

yuán cháo huí zú   ā lā
元朝回族在中国正式形成,从此伊斯兰教开始繁盛。早期的中国清真寺主要是阿拉
bó shì jiàn zhù
伯式建筑。后期受中国传统建筑影响,产生了中国式清真寺。寺内建筑以木结构为主,

sì hé yuàn shì bù jú
沿东西方向对称,多为四合院式布局。

沈阳南清真寺

Jī dū jiào jiàn zhù
基督教建筑

　　基督教在唐朝时开始传入中国,但在各方面基本保持西方宗教的特征,在建筑上这一
　　　　　　　　　　jiào táng　　　*gē tè shì jiàn zhù*
特点十分突出。中国的教堂多为哥特式建筑。教堂多直升线条,外观高大,内部有彩
　bō lí
色玻璃长窗,更增添了宗教气氛。

沈阳南关天主教堂

Fó jiào jiàn zhù
4.1　佛教建筑

Qiān nián fó dēng bù xī　wú shàng guó bǎo bù xiǔ
4.1.1　千年佛灯不熄,无上国宝不朽

yì xiàn fèng guó sì
——义县奉国寺

jǐn zhōu yì xiàn　　　　　　　　　　*liáo dài*
　　奉国寺位于辽宁锦州义县,距今有千年历史,最初为辽代的皇家寺院。寺院是中

国现存辽代三大寺院之一,也是东北现存最古老的佛教寺院。寺内供奉的泥塑彩色佛 *ní sù cǎi sè fó*

像 群,无论在年代上,还是规模上都堪称世界之最。 *xiàng qún*

奉国寺 山门

佛寺由来 *fó sì yóu lái*

奉国寺始建于公元 1020 年,当时正处于中国历史上的辽代。辽代帝王都信奉佛教,特别是第六代皇帝辽 圣 宗,更是自称佛祖 转 世。圣宗皇帝的 *liáo shèng zōng* *fó zǔ zhuǎn shì*

母亲萧 太后曾有心愿,希望死后能留下遗容供人参拜。于是母亲死后,圣宗皇帝就命人在母亲的家乡修建了这座寺院。 *xiāo tài hòu*

奉国寺最初名为"咸 熙寺",寺内供奉七尊佛像,传说是萧太后和五位先皇帝,以及圣宗皇帝自己的化身,因此百姓也称其为"大佛寺"或"七佛寺"。辽灭亡之后,这座寺庙才被 *xián xī sì*

改名为"奉国寺"。当年为了彰显皇家的威严,表现对皇帝的尊敬,奉国寺的建筑规模气势 *qì shì*

磅 礴。据记载,寺院内有房舍数百间,僧人千余名,是辽代最大的佛教场所。 *páng bó*

建筑布局 *jiàn zhù bù jú*

奉国寺 大雄殿

奉国寺占地 5 万余平方米。其内部的建筑结构为南北纵深,东西对称。处于中轴线上的建筑有 山 *shān*

门、牌坊、无量 殿和最北的大雄 殿。其中外 *mén* *pái fāng* *wú liàng diàn* *dà xióng diàn*

山门为近代重建,内山门为清乾 隆年间重建,唯独 *qián lóng*

大雄殿作为寺院主体建筑为辽代原物。

标志性建筑 *biāo zhì xìng jiàn zhù*

大雄殿是奉国寺内仅存的辽代建筑。整座大殿建于三米高的石砌台阶上,纵深 32.8 米,面宽 55.6 米,长 48.9 米,宽 25.13 米,高 21 米,整体面积达 1829 平方米,是中国古代寺院中年代最早、面积最大的大雄宝殿。同时,整座大殿依靠木头支撑,是中国古代最大的单层木质宫殿建筑,也代表了 11 世纪中国建筑的最高水平。中国著名的建筑学家梁思

成赞誉大雄殿是"千 年 国宝、无 上 国宝、罕 有 *zàn yù* *qiān nián guó bǎo* *wú shàng guó bǎo* *hǎn yǒu*

大雄殿内由东向西供奉着七尊巨大泥塑佛像。

佛像通高均在 9 米以上,正中的毗 婆尸佛最高,达到 *pí pó shī fó*

9.5 米,两侧佛像高度依次略减。这七尊大佛与大殿齐同,只有仰视才可见到佛祖的全貌。环视大殿,这

奉国寺 大雄殿 七佛像

些佛像雕塑面目慈祥miàn mù cí xiáng，泰然端坐于莲花宝座上。几百年来，他们就这样超然世chāo rán shì外，俯视众生wài，fǔ shì zhòng shēng，见证着历史的变迁。在每尊佛像两侧各有一尊菩萨。14 尊菩萨像两两对站，平均身高在 2.5 米以上。他们身材修长、比例匀称，或仰面，或俯首，或平视，或斜立，情态各异，栩栩如生qíng tài gè yì，xǔ xǔ rú shēng。这些佛像雕塑历经千年保存完好，成为当今世界上遗存规模最大、年代最久的泥塑佛像群。

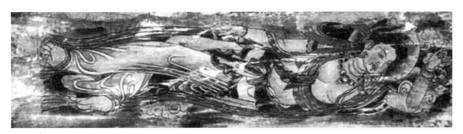

奉国寺 大雄殿 飞天彩绘

与雕塑同样让人惊艳的是大殿内约 2000 平方米的彩绘。无论是花卉、飞天仙女、凤凰都色彩鲜明、形象生动。特别是飞天仙女有的持花束，有的托果盘，有的正视，有的回眸，她们衣裙飘逸piāo yì，表情生动。虽在白云间自由飞舞，但都做出朝拜佛祖的姿态。这组飞天仙女让后人看到了辽代艺人们的高超技艺，也成为中国最古老的建筑彩画。

此外，在大雄殿的门上高高地挂着三块匾biǎn，据说是清代乾隆皇帝时所立，中间匾高 3.1 米，宽 1.52 米，写着"大雄殿"；东西两边匾高 2.8 米，宽 1.78 米，东边写着"法轮天地"fǎ lún tiān dì，西边写着"慈润山河"cí rùn shān hé。它们因年代久远，雕刻技艺高超，成为中华名匾。

奉国寺 匾额

传奇历史chuán qí lì shǐ

奉国寺近千年的历史并不平静。无论是王朝更迭，还是天灾人祸，这座古寺都神奇地躲过危机。最初建寺的辽代在中国历史上延续时间非常短。后起的金国迅速推翻了辽的统治，并几乎摧毁cuī huǐ了辽国所有的大型建筑。这其中当然包括宫殿和庙宇。但奉国寺第一次奇迹般地被保存下来；随后建立的元朝，灭掉了金国，战争不可避免，而奉国寺依旧安然ān rán无恙wú yàng。公元 1290 年，奉国寺所在的义县周围发生强烈地震。这场天灾让义县及周边房屋均毁坏严重，奉国寺殿宇仍然完好。类似的奇迹不断发生，奉国寺一次次躲过危机，化huà险为夷xiǎn wéi yí。奉国寺里的佛祖就这样保护着这座寺庙矗立至今。

044

mín jiān chuán shuō
民间传说

有关大雄殿中的七尊佛像,在民间有着一个美丽的传说。这七位佛祖原本是义县当地的七姐妹。这七位姑娘不仅貌美,而且善良,她们经常帮助乡亲们洗衣、做饭,照顾生病的老人。即使是路过的乞丐(qǐ gài),她们也会提供美味的饭菜。当地人一提起这七位姑娘都说她们是天上来的七仙女。

有一天,姐妹中最小的七妹在河边帮人洗衣服。忽然,她看见一位白胡子老人从天空中,踏着白云,来到眼前。老人对七妹说:"我是天上玉皇大帝的使者。天上的神仙都听说过你们姐妹七人的事情。他们也都被你们姐妹们的善良感动,所以决定收你们为佛。明天中午,雷声响起的时候,就是你们成佛的时间。"老人说完,就踏云而去。

七妹回家后把这件事告诉了六个姐姐。大家知道这件事后,一方面很欣喜,一方面又很焦急。因为她们从此再也没有机会为乡亲们做事了。当天夜里,七姐妹一夜未眠,给乡亲们做了许多鞋袜衣裤,一直劳动到天亮。

将近中午,姐妹们才结束劳动,开始梳洗打扮(shū xǐ dǎ ban)。只见天空中乌云密布,雷声响起。六位姐姐都已经打扮整齐,在位置上坐好。只有七妹,因为一直在帮助姐姐们梳妆打扮,衣服只穿了一半。于是,她就这样和六位姐姐们一起上天成了佛。

传说虽然不可以相信,但如果你去奉国寺,一定要在大雄殿仔细看看,因为在七佛像中确实有一位穿着半截衣服的佛像,那或许就是传说中的七妹。

wén huà tuò zhǎn
文化拓展

liáo dài lì shǐ
辽代历史

辽是由中国少数民族契丹(qì dān)在北方地区建立的王朝,也称"契丹国"或"大辽国"。公元916年建立国家,公元1125年被金国灭。"契丹"的意思是刀剑;"辽"既有"铁"的意思,而且辽河也是辽的发祥地(fā xiáng dì)。以"辽"为国号,也是希望国家能不忘记根本。辽朝的少数民族统治者尊崇佛教。在他们的大力倡导下,佛教盛行于全国。佛教艺术如佛寺、佛塔的建设、佛像的雕刻都达到了很高的水平。

zhōng guó jǐn cún de liáo dài sān dà sì yuàn
中国仅存的辽代三大寺院

辽代虽然推崇佛教,但是能保留至今的辽代佛教建筑并不多。特别是佛教寺院这类大规模的佛教建筑群,全国仅有三处。除了义县奉国寺外,还有独乐寺和华严寺。

tiān jīn jì xiàn dú lè sì
天津蓟县独乐寺

独乐寺始建于唐朝,辽代重建后保存至今。寺院占地面积 1.6 万平方米,最著名的建筑是山门(shān mén)和观音阁(guān yīn gé)。

山门正面宽三间,纵深长两间。山门内的天王护卫是中国人俗称的"哼"（hēng）"哈"（hā）二将（èr jiàng），为辽代彩塑珍品。独山门房脊上有一对长长的尾巴向内翘转,犹如飞鸟的装饰物。这是中国现存年代最早的鸱尾（chī wěi）实物。观音阁内为三层楼阁,通高 23 米,是中国最古老的高层木结构楼阁式建筑。阁内有两尊"十一面（shí yī miàn）观音（guān yīn）"塑像,每尊塑像总高 16.08 米,是我国现存最高大、最古老的彩色泥塑之一。

045

独乐寺　观音阁

山西大同华严寺（shān xī dà tóng huá yán sì）

华严寺始建于辽。寺院占地面积达 66000 平方米,其中的代表建筑有薄伽教藏殿（báo gā jiào cáng diàn）和华严宝塔（huá yán bǎo tǎ）。

薄伽教藏殿建于公元 1038 年,面宽五间,内部供奉 29 尊菩萨,其中合掌露齿（hé zhǎng lù chǐ）菩萨,最为生动,面形丰满,体态秀美,被赞为"东方维纳斯（dōng fāng wéi nà sī）";华严宝塔是中国第二大全木结构的方形木塔,通高 43 米,顶部有金盘,底部承莲池,塔底有 500 平方米的千佛地宫,采用 100 吨纯铜打造而成,内供佛祖舍利及千尊佛像,金碧辉煌。

华严寺　华严宝塔

4.1.2 昔日东藏鲜人知,今朝瑞应忆繁华（Xī rì dōng cáng xiǎn rén zhī, jīn zhāo ruì yìng yì fán huá）
——阜新瑞应寺（fù xīn ruì yìng sì）

瑞应寺位于辽宁省阜新蒙古自治县佛寺镇,始建于清朝康熙年间,距今有三百多年的历史。瑞应寺为藏传佛教寺院,也称"佛喇嘛寺"（fó lǎ ma sì）,是东北地区最大的藏传佛教寺院。在历史上,这里不仅是礼佛修行的场所,也是东北的文化中心。当年,瑞应寺曾对医学、天文、建筑、艺术等的发展产生了深远影响。

佛寺由来（fó sì yóu lái）

在中国古代,人们称皇帝为天子,也就是老天的子孙。如果天子品行端正、治国有方,那么天下就会时世清平,国泰民安。此时,老天就会降下祥瑞（xiáng ruì）,也就是一些对人有益的自然现象,比如出现彩云,风调雨顺,地出甘泉,以此作为对天下太平的回应。所以,"瑞应"就是"天降祥瑞以应之"的意思。佛经中还有《太子瑞应本起经》一书,它是一部叙述佛祖释迦牟尼（shì jiā móu ní）"前世"修行的故事及今世诞生,学道出家修行、创教、传教的神话经历传略。

瑞应寺　全景

公元1670年清朝的康熙皇帝去东北寻找自己出家的父亲顺治皇帝。在途中,他偶遇一位喇嘛僧人,于是产生了建寺的想法。此后历经一百八十年的长期修建,瑞应寺才从当初的三间堂舍,逐渐发展为日后宏伟壮观的寺庙建筑群。当年寺庙初具规模时,康熙皇帝曾钦赐金边盘龙匾额,上面用满、蒙、藏、汉四种文字写成"瑞应寺"。皇帝赐名"瑞应寺",这既是在勉励寺内的僧人,要他们继承佛祖宏业,大兴佛教,潜心修行,终成正果,也是希望"瑞应寺"内的佛祖能保佑他的国家长治久安。
qīn cì

在清朝,瑞应寺一度成为中国东北藏传佛教的中心。寺庙最繁盛时,"有名喇嘛三千六,无名喇嘛赛牛毛",寺院建筑占地面积在20平方公里以上,有房屋3000余间。如今,人们一提到中国的藏传佛教圣地首先想到的就是西藏,其实在清朝时,与"西藏"遥相呼应的"东藏"就是阜新瑞应寺。
yáo xiāng hū yìng

寺庙特色
sì miào tè sè

在历史上,瑞应寺曾是僧人们的一所"综合大学",这里以"四大扎仓"闻名。"扎仓"在藏语中是僧院的意思。瑞应寺是佛教僧人学习经典的学校。按佛经内容的不同,瑞应寺分成了四个"学院",分别是曼巴扎仓,即医药部,专门培养擅长蒙、藏医药的僧人;丁科尔扎仓,即天文部,专门培养天文、历算方面的僧人;阿克巴扎仓,专门修习佛教中的密宗派别;萨尼特扎仓,即哲学部,专门研究佛教哲学。
sì dà zhā cāng
màn bā zhā cāng
dīng kē ěr zhā cāng
ā kè bā zhā cāng
sà ní tè zhā cāng

数百年间,瑞应寺培养了大量医学、药学、哲学、天文历法学的专业人才,特别是在医药方面,被称为蒙医药的"最高学府"。著名蒙医学家和教育学家古纳巴陀罗9岁进入瑞应寺,18岁在寺中拜师学医,后来成为享誉盛名的蒙医理论权威。瑞应寺的丁科尔扎仓每年都编写出一部农家历书,准确预报全年的风量、雨量和日月食的时间。据说,这些时间大都是僧人们用中国最古老的计算工具算盘计算出来的,对当时指导农业生产起到了很大作用。不仅如此,瑞应寺在艺术方面也取得了杰出的成就。因地处蒙古族聚居区,寺内僧人对藏、蒙、汉文化都十分了解。蒙古族代表性曲艺艺术"胡尔沁 说 书"是中国"首批国家级非物质文化遗产"。这种曲艺形式的鼻祖就旦森尼玛，就是瑞应寺僧人。蒙古族长篇小说《兴唐五传》在中国民族文学史上有非常重要的作用，其作者恩可特古斯也是瑞应寺的一位高僧。他累计写成了 212 万字的蒙文巨著，是我国杰出的文学家、诗人和蒙古语文大师。

047

建筑布局

瑞应寺建筑将藏、汉、蒙式建筑风格融合为一体。整个建筑格局，自南向北，中央突出，东西对称。既做到主次分明，又实现了和谐统一。寺内主要建筑有大雄宝殿、活佛宫、四大扎仓、外五庙等。其中，大雄宝殿为原建筑，其外部墙壁厚实，门窗较小，墙体收分明显，装饰有法轮、祥鹿，与西藏的布达拉宫相似。佛寺四周修有六公里长的环寺路，道路崎岖不平，两侧佛像石雕林立，有"万尊佛"之说。

代表性建筑

藏经阁专门存放藏文的经文，瑞应寺的喇嘛每天都要取两卷上早课吟诵、学习。精通这些经书，就会知晓天文地理，卜算吉祥祸福，测算运程未来。在藏经阁正中间供奉的佛像就是藏传佛教——格鲁派（黄教）创始人宗喀巴佛。他著书立说，授徒传教，独树一派，占据藏传佛教的统治地位，号称第二佛陀。宗喀巴佛像的左边是达赖活佛像，右边是班禅活佛像。"达赖"蒙语意为大海，藏语意为上人或上师，达赖活佛是观音菩萨的化身。"班禅"意为"大学者"，额尔德尼，系蒙语，旧译"宝师"或"瑰宝"。班禅活佛在藏传佛教界被认为是长寿活佛转世。

瑞应寺 大雄宝殿

萨尼特扎仓，即哲学学院，是东北及东部蒙古地区第一座"金瓦殿"，也是最大的一座木结构寺庙建筑。大殿的金瓦殿顶上有金宝瓶、神鸟等佛教建筑装饰，它们高高地伸向天空，在蓝天、白云下闪烁迷人光彩。大殿内供奉着 13 米高的金色弥勒佛像，由工匠以传统手工方式制作，这在中国北方寺院中也是绝无仅有。

瑞应寺　萨尼特扎仓

长寿塔，为一座 18 米高的汉白玉塔，也叫载长寿塔，认为此塔能拯救万物，是东北地区最大的佛塔。塔座上雕刻着雪山狮子图和吉祥八宝，塔身上雕满佛教咒语，佛 龛（fó kān）内供奉佛母和藏文长寿经。

九大臣祈愿殿，据说是康熙皇帝的九位大臣共同出资修建的。这是一座宫殿建筑，有 72 道门，殿内供奉着大白伞盖佛母。佛母像有三头，每头有三眼，其主像上又有层层小头像，她的周身也有多只手臂，其形态与千手千眼观音（qiān shǒu qiān yǎn guān yīn）相似，其手上生眼，并且握有各种法器，最突出的是左手握金刚宝杵（jīn gāng bǎo chǔ），右手握有一柄白色巨伞，故称大白伞盖佛母。佛母能净化人世间的邪恶，释放无限光明。

瑞应寺　大白伞盖佛母

建寺传说（jiàn sì chuán shuō）

当年清朝康熙皇帝到东北微服私访（wēi fú sī fǎng），寻找他的父亲顺治皇帝。来到东北不久，他骑着毛驴偶然地走进了一个小村庄。村里一家人正在为儿子娶亲，主人邀请身穿普通百姓服装的康熙皇帝到客厅喝喜酒。

康熙皇帝当时心生诧异（chà yì）。他抬头看看天气，心想：今天不是良辰吉日，这家主人为什么要选在今天办喜事呢？康熙皇帝在告辞前问这家人："儿女结婚的日子是什么人择定的？我想去拜见他。"主人答道："在村子北面的山顶上，有一位高僧叫桑丹桑布。他常年静坐在石洞里。"康熙皇帝按照主人的指引，牵着驴步步登高，爬上小山，终于在奇峰怪石之间看到一个面向太阳的小山洞。就在康熙皇帝仔细观察的时候，一只小白兔突然跳到洞口，瞬间变成了一只凶猛的老虎，横卧在洞口，虎视眈眈地盯着康熙皇帝。康熙吓得出了一身冷汗。就在此时，一位中年喇嘛僧人微笑着走出洞口说："贵客到来，有失远迎。"洞口的那只老虎，瞬间又变成了一只小白兔蹦跳而去。

康熙皇帝舒了一口气，走入石洞，轻声问道："你就是桑丹桑布喇嘛？""贫僧正是。"桑丹桑布一边答话，一边为康熙皇帝端上茶。康熙皇帝仔细打量眼前的桑丹桑布，感到这位喇嘛气度不凡,但他仍然不明白高僧为什么给村里人选了一个错日子。桑丹桑布似乎明白皇帝的想法,他抢先说:"山下有一家儿子结婚,时辰是我为他们选的。我知道今天本来不是好日子,但今天有紫微星光临此地,故可逢凶化吉呀!"

桑丹桑布几句话就说明了康熙的身份。康熙皇帝十分惊讶,知道自己遇到了高僧。于是,皇帝就将自己昨夜的怪梦告诉高僧。桑丹桑布告诉康熙皇帝:"您梦里那个抱住太阳的蓝袍小孩便是你自己,那个黄袍孩子则是你的父皇顺治爷。一位神仙将他拖走,说明你父亲已出家为僧了。"康熙皇帝听到,立即说:"你真是一位举世无双的活佛!"

桑丹桑布闻听此言,忙跪倒在地,感谢皇帝的称赞。

康熙皇帝询问:"你如此神通广大,为何不在寺庙里传播佛法呢?"

桑丹桑布回答道:"我虽心有余,但力不足。"

在离开前,康熙皇帝命令当地的王爷卓里克图帮助桑丹桑布建寺。有了皇帝的命令,始祖活佛桑丹桑布便在阜新佛寺镇修建了今天的瑞应寺。

wén huà tuò zhǎn
文 化 拓 展

huó fó zhuǎn shì
活 佛 转 世

瑞应寺　七世活佛

　　佛即"佛陀",指"觉者""知者"。按照佛教教义,

fó tuó
佛即"佛陀",指"觉者""知者"。按照佛教教义,

bào shēn　　　　　fǎ shēn
佛有三身。一是报身,时隐时现;二是法身,从来不现;三是化身,随机显现。活佛就是佛的化身。藏传佛教认为那些在学佛时悟得佛经宗旨,而且能引导其他人觉悟的人是"上师",也就是喇嘛。这些人是转生来到人间的佛。于是在藏传佛教中,宗教和寺庙首领的法位传承就是要寻找那些佛陀的化身,也就是活佛。迎请活佛是一个非常严格十分严密的过程,需要经过多方寻访,通过精确方法才能认定。

瑞应寺先后有七位活佛传承,如今在瑞应寺传播佛法的就是第七位活佛。

yuán jì
有关七世活佛的产生,一直流传着这样一种说法。三世活佛在世的时候(圆寂于1777年)曾经预言,七世活佛自己来。自三世活佛预言后,一百年过去了。1942年,瑞应寺六世活佛圆寂。为寻找转世灵童,他曾留下一份委任书。由于社会因素,一直到1996年2月,人们才开始寻访瑞应寺第七世活佛。人们走遍了山山水水,寻访了家家户户,结

yì wú suǒ huò
果一无所获。正当寻访小组一筹莫展的时候,有人忽然想起了200年前的预言——七世活佛自己来。按照这样的提示,人们最终确定佛寺镇名叫刘海龙的青年,他就是瑞应寺第七世活佛。而刘海龙早在三年前便自愿出家来到了瑞应寺。

4.1.3 方寸之间奉武圣，中心庙里表忠心

——沈阳中心庙

中心庙位于辽宁省省会城市沈阳的中心区域，与沈阳故宫仅一墙之隔。庙宇建筑面积仅有 15 平方米。这座寺庙正是因"小"而闻名。它不仅是沈阳最小的庙宇，而且是辽宁范围内的最小寺庙。中心庙初建于 1388 年明朝洪武年间，从年代上看，也是沈阳城里最古老的寺庙。

沈阳　中心庙

名称由来

有关中心庙的名称由来存在许多说法。无论是民间传说，还是史料记载，都向人们说明了这座寺庙在古城盛京不容置疑的地位。

从中国古代城市建造理念来看，古人建城要严格遵循"中轴线"的建筑布局。一座城市必须有中心点以及中轴线。在中心点处往往建有楼阁。城市的主要建筑物则以中心点向外辐射，沿中轴线东西对称，南北延伸。这样的建筑结构可以使建筑群整体平衡、统一，给人一种稳重的美感。在中国建筑史上，元朝的首都大都即现在的北京、明朝的宁远即现在的辽宁兴城都采用了这种建筑布局。同样，沈阳城最初在建城时也遵循这样的理念。那么，沈阳老城的中心点在哪儿？这就是中心庙。中心庙正好就处于沈阳老城中轴线上，是城市的中心点。所以，中心庙的"中心"，就是指城市的中央坐标点。

从中国人的风水观来看，中心庙的设计也与之相符合。中国《易经》中有，"太极生两仪，两仪生四象，四象生八卦"，这是中国人对万物起源与生命流转的原初认识。一座城市的诞生与发展也遵循着同样的道理。对于沈阳这座老城来说，太极就是中心庙，城市中的钟楼、鼓楼就是"两仪"，城市中的四塔就是"四象"，城中的八个老城门就是"八卦"。这一切建筑出发点都是太极——中心庙。

当然，有关中心庙的名称由来也少不了民间传说。中国清朝的满族祖先们都十分崇拜关羽，也就是关公。关羽在历史上被称为"武圣人"，也有人说他是"战神"。当年努尔哈赤来到沈阳后，就在这座明朝留下的寺庙里，供奉起关公的神像。他还请人写了"忠义千秋"的金匾打算挂在庙内。可寺庙太小，四个字的金匾根本挂不下，于是就只保留了"忠"字。清朝的统治者们希望人民能世世代代忠于自己的民族。这座庙就有了最初的名字"忠庙"。有趣的是，在古代中国人的写字习惯是从上向下写，而不是从左向右写。"忠庙"由上向下看就变成了"中""心"和"庙"三个字。时间长了，"忠庙"就变成了现在的"中心庙"。这虽然只是民间传说，但也有理有据，让人信服。

建筑布局
jiàn zhù bù jú

与其他寺庙不同,无论是寺庙内部建筑,还是周边建筑,中心庙都有其特殊之处。

中心庙位于沈阳故宫大政殿北墙外面。如果仔细观察,人们就会发现故宫原本平直的红墙在靠近北墙角的位置有一段凹陷 。而中心庙就在这段凹陷的
āo xiàn
宫墙外。其实,中心庙的建造早于沈阳故宫。后来,清朝皇帝在修建故宫时,出于对关公及庙里其他神仙的尊敬和风水的考虑,清朝皇帝宁可让宫墙让步,也

庙前空地

没有拆除中心庙。于是,现在的中心庙与宫墙之间就出现了一块空地。

中心庙内只有一座背北朝南的单体建筑,青砖青瓦。这便是庙内唯一的一间庙堂,里
面供奉的就是关羽,也称"关 圣 帝君"。中心庙也成为沈阳城内现今保存年代最久的
guān shèng dì jūn
关帝庙。

寺庙传说
sì miào chuán shuō

中心庙虽然面积小,但除了供奉关公外,还有财神 、山 神 、土地神和"十不全"。
cái shén   shān shén   tǔ dì shén
这里供奉的神仙也都各有来历,各有故事。

有关土地神与山神的故事,在民间流传最广。在中国民间传说中,土地神是保佑乡里平安、风调雨顺、粮食丰收的。他虽然和百姓生活有很大关系,但却是各种神佛中地位最低的一位。最初,先祖努尔哈赤带领满族的族人来到沈阳称王,他的势力范围不断扩张。当时还是明朝统治,努尔哈赤就要求明朝皇帝赐给自己一个神像,让他在沈阳供奉。没想到明朝皇帝根本不把努尔哈赤放在眼中,他随便挑了一个最不起眼的土地公给了努尔哈赤。看到又矮又丑的土地公,努尔哈赤勃然大怒。他要亲自去找明朝皇帝算 账 。一位
suàn zhàng
汉族大臣一边拦住努尔哈赤,一边恭喜他。先祖不明白其中的原因。那大臣不紧不慢地问:"王爷,明朝皇帝给我们的是什么神?"先祖说:"不就是土地神吗?"大臣说:"土地就是江山,大明要把江山送给您,这不是喜事吗?"努尔哈赤觉得有道理,于是他就把这土地神供在了关帝庙里。

与土地神比起来,中心庙中供奉山神就有些奇怪。因为沈阳城里并没有山。那这个山神从何而来呢?原来庙里的山神是满族早年在长白山打猎时就崇敬的神灵之一。满族人认为山神就是百兽之王老虎的化身,所有进山打野兽、采药材、挖人参的人,都要求他保佑。据说努尔哈赤年轻时候,曾和几个伙伴进山采参。他们连走了半个月一无所获。后来,努尔哈赤就是在老虎的帮助下找到了千年人参。从那以

中心庙　庙堂

后,努尔哈赤始终不忘"山神"的帮助。尽管他来到地处平原的沈阳城,也还是把山神供在离皇宫最近的庙里,所以中心庙里也供着山神像。

至于中心庙里"十不全"像,很多人都不认识他。这尊神像就立在庙堂门前。在民间,人们常说那些久病不愈,又添新病的人叫"十不全"。其实,这位"十不全"是药王庙里站在神医身旁为大家祈求健康的神。传说中,他愿意慷慨地付出自己的健康,以残病的身体换取别人的健康、长寿和快乐。

wén huà tuò zhǎn
文化拓展

guān dì
关帝

shǔ guó
了解中国历史的人对关羽这个名字一定不会陌生。他是东汉末年蜀 国 的重要将领,
sān guó yǎn yì
也是中国古代文学作品《三 国 演 义》中的著名人物。在中国的宗教里,无论佛教寺庙,还
qié
是道教道观,都供奉着关羽像。而在中国的儒教中,关羽也占有重要地位。佛教尊他为伽
lán pú sà
蓝菩萨、蓝天古佛、护法爷;道教尊他为崇富真君、协天大帝、伏魔大帝。清朝时关羽又被奉为"忠义神武灵佑仁勇威显关圣大帝",崇为"武圣",与"文圣"孔子齐名。在民间,人们尊关羽为"关公"。

关羽字云长,河东解良(今山西运城)人,东汉末年名将。作为真实的历史人物,关羽确实高大威武,具有一定的军事才能。但在文学的渲染和戏曲的演绎下,关羽不仅是一位忠义之士,而且成为民间敬仰、帝王推崇的关帝。他的身份经历了由人为神的变化过程。宋朝时为王,明朝时为帝,清朝时为圣。就这样,关羽从一个普通将领一步步走向神坛,被供奉在庙堂之上。

关羽像

中国人心中对"关羽"的认识总是离不开《三国演义》这部文学作品。在书中,关羽不
wǔ hǔ shàng jiàng   xiāo yǒng shàn zhàn   zhōng gān yì dǎn
仅是"五虎 上 将"之首,骁 勇 善 战,而且其忠 肝 义胆更是感天动地。中国传统文化中推崇的忠、义、信、智、仁、勇等美好品德都被赋予在关羽身上。所以,随着文学作品的传播,关羽的忠义形象深入民心。

对关羽的崇敬来源于民间,中国本土的道教最早敬关羽为神。在道教中,关公可以除
qún xióng
妖镇怪,统领人、鬼、神三界。中国的儒家学说推崇忠义。东汉末年社会动荡,群 雄
zhēng bà
争 霸,在这样的社会条件下关羽仍然能依照儒家学说的要求,恪守忠义。这也使他成为儒家思想的践行者。孔子创立儒家学派,被儒教徒奉为圣人。关羽作为武将,虽没有学术著作,但他用自己的行动实践了儒教教义,因此也被尊为"武圣"或"关圣"。至于,关羽与佛教的关系,则有这样一个小故事。

历史上,关羽战死沙场。他死后,头被砍了下来,葬在了河南洛阳,而身体却葬在了湖

北当阳。传说，关羽的魂魄知道自己

shēn shǒu yì chù
身 首 异 处，一直叫喊"还我头"，他
一心想要报仇。一天在玉泉山里，关
羽的魂魄遇到了一名高僧。高僧对关
羽的魂魄说："你喊着要找回自己的
头，想着要找人报仇，可是被你砍掉头
颅的人找谁去报仇？他们在哪里能找
到自己的头呢？"关羽顿时领悟，放下
大刀，立地成佛！于是，佛教中就多了
一位伽蓝菩萨，其实就是关羽。

山西运城市解州关帝庙

在中国，关帝庙的数量众多，而在
这些庙宇中，保存完好的有河南洛阳关林、湖北当阳关陵、荆州关帝庙等。而在这些关帝
庙中，规模最大、气势最为宏伟的，就是位于山西省运城市解州的关帝庙了，它堪称"天下
第一关庙"。

Jīng gōng qiǎo suí tián hǎi zhì   rén gōng mò fēi shén lì cuī
4.1.4　精 工 巧 随 填 海 志，人 工 莫 非 神 力 催

xiù yán xiào shèng sì
——岫 岩 效 圣 寺

xiǎn jùn
效圣寺位于鞍山市岫岩满族自治县的卧鹿山中。卧鹿山山势险 峻，奇峰怪石，林深
草茂，景色迷人。效圣寺随山就势而建，就地取材，利用卧鹿山中开采的青白石料砌成，是
辽宁省内现存唯一保存完整的大型石制古庙。

fó sì yóu lái
佛 寺 由 来

效圣寺始建于唐，最初只是一座有三间堂舍的
草堂古庙。寺庙内曾立有一座石碑，虽然碑文内容
已经模糊不清，但在落款处可以看到"贞观年尉迟恭
监修"的字迹。"贞观年"正是中国历史上的唐朝，距
今有 1300 多年。到了清朝时，这座古庙已经破旧不
堪。根据历史文献的记载，清朝嘉庆年间，当地人捐
yì láo yǒng yì
钱重新修建了古庙。重建时，为了一劳永逸，于是
将当年的草堂建成了如今石结构的石庙。

效圣寺　山门

jiàn zhù bù jú
建 筑 布 局

效圣寺里包括山门、钟楼、廊房、正殿等建筑。除三间东侧廊房为砖木结构外，其余建
筑都是石构。

dòng tiān fú dì
山门面宽 2.57 米，为石构建筑。正面悬挂"效圣禅寺"匾额，背后挂有" 洞 天 福 地"
匾额。正殿为寺庙内主要建筑，除门窗为木制，殿内梁、柱、墙、瓦全为山上的石制。正殿东西两侧还建有廊房,东侧廊房南侧有钟楼一座。钟楼高 4 米,底部四周用石料砌成,楼顶用四块 1 米多高的石柱支撑,上面覆盖正方形大石板一块。内悬大钟。每日晨钟之时,声音震彻山谷。石庙东侧有清朝的记事石碑一座,西侧有碑林处。碑林建于 20 世纪 80 年代,其中坐落着从岫岩当地收集来的古石碑 70 余座,其镌刻年代起于明朝,止于民国年间,以清朝石碑居多。

代表性建筑
dài biǎo xìng jiàn zhù

效圣寺正殿,宽 6 米,长 9 米,高 5 米。殿顶覆盖巨型石瓦。殿内房梁由两长两短共四根石柱构成。长的 4.3 米,短的 1.8 米。每根石柱都有 0.8 米粗。长梁每根重达 2.85 吨。室内有四根石柱支撑。每根石柱高 2.6 米,粗 1.1 米。正是这四根石柱支撑着十余吨重的屋顶。石庙东西墙由 61 块条石砌成。庙后墙 65 块条石,庙前墙 30 块条石,石脊瓦 8 块,庙的前后坡共铺长 3.2 米、宽 0.6 米、厚 0.25 米的石瓦 36 块。这几百块石条合缝严密,犹如整体。

同时,建造者也不忘对石庙进行装饰。无论是房梁还是立柱,都是精工细凿,雕梁画栋。房梁正中雕刻有一个大石葫芦(hú lu),两边有石刻哮天神犬。在佛教中,葫芦是吉祥的象征。它代表着济水,共济,可以保人平安,济世救人。在选择石料时,古人也是花了心思的。大殿的石梁堪称神奇,其中东面的房梁虽是脊梁,但也可预测天气。只要观看石梁的湿润程度,可以预测当日有雨无雨。如果石梁湿润度较高,则当日会有大雨;如果石梁微润,则当日会有小雨;石梁不润则不雨。

正殿檐下挂有"古石殿"的匾,两侧门柱上挂着一副楹联(yíng lián),上联是"晨钟暮鼓警(chén zhōng mù gǔ jǐng)醒世间名利客(xǐng shì jiān míng lì kè)",下联是"佛号经声唤回苦海梦迷人(fó hào jīng shēng huàn huí kǔ hǎi mèng mí rén)"。

正殿内供奉有五尊石佛像。他们分别是地藏(dì cáng)菩萨(pú sà)、南海观音(nán hǎi guān yīn)、如来佛(rú lái fó)、释迦牟尼佛和二郎(èr láng)神(shén)。庙里佛像以地藏菩萨居中,他身高两米,其余佛像各居其位。佛像都用泥金粉饰后,以彩绘的形式描摹五官。这些佛像造型古朴,衣服纹理流畅。

效圣寺 石庙

整座寺庙可谓是"石庙房、石佛像、石钟楼、石围墙"。这些顽石在能工巧匠的手下展现出庄重、硬朗的美感。在卧鹿山密林苍松之间,散发着玄妙的气息。

民间传说
mín jiān chuán shuō

传说,当年在卧鹿山附近住着一位姓崔的银匠(yín jiàng)。一日傍晚,他在回家途中经过卧鹿山,隐约听到山腰下一片丛林间有个人在争吵,"此地谁先到的?"崔银匠十分好奇,这个时间,山里不应该会有人了呀。于是,他悄悄地走到树林旁,探头向里张望。可是奇怪的是,林子里不见人影,只有一座三间草房的寺庙。寺庙的门上挂着一块匾。匾上面写着"效圣寺"三个大字。

　　银匠认为一定是自己听错了,于是打算继续赶路回家。可这时麻烦来了,他怎么也找不到回家的那条路了。回想刚才自己的所见所闻,他感觉这山腰处草房小庙里一定有神仙居住。于是,他急忙跪在庙前,如果能让他找到回家的路,他一定回来重修庙堂。没想到,转眼间他就来到了家门口。

　　回到家后,崔银匠把遇到的事情告诉了村里姓柏的商人。柏商人听了将信将疑。他按照崔银匠的说法,夜间又来到卧鹿山山腰。果然,同样的事情又发生了。于是,人们更确信山腰处有神仙居住。

　　回到村里,柏姓商人就募集资金(mù jí zī jīn),聘请能工巧匠,重修庙宇。当预备工程就绪,即将上石梁时,问题来了。因为石梁太重了,根本没办法放到大殿屋顶上。大家想了很多办法也解决不了这个难题。正在此时,一位白头发老人从这里经过。大家向他请教有什么方法。老人说:"我的身体半截都埋在土里了,能有什么办法呢?"说完后就不见了踪影。

　　大家这才恍然大悟:原来这位老人是一位神仙。他是来指点大家的。于是,大家按照老人的指点,用"土埋半截(tǔ mái bàn jié)"之法,将土加高,提高地面的高度,直到地面覆盖殿顶,然后将土撤出。终于如愿将石庙建成。

寺外风光 (sì wài fēng guāng)

　　效圣寺所在的卧鹿山在辽宁以峰秀、庙奇而闻名。之所以叫卧鹿山,是因为山中有一条长约百米、形似卧鹿的青石山脊。传说中,有一位骑黑鹿的道人居住于山中,死后变为青石山脊。拜效圣寺,必游卧鹿山。山中植物种类丰富,山沟处春夏之季还有溪水潺潺(xī shuǐ chán chán)。山清水秀,美景让人流连忘返(liú lián wàng fǎn)。

石檐观瀑 (shí yán guān pù)

　　在卧鹿山东面,有一块巨石,从断崖顶部伸出,形状与屋檐相似。檐下是一块约400平方米的巨大石面。夏季,山涧流至断崖,由空中直接冲泻至下面的巨石表面,形成一道20多米宽的瀑布。站在檐下,在阳光的折射下观赏瀑布,水色斑斓,山色瑰丽。

卧石听松 (wò shí tīng sōng)

　　在瀑布石檐的上部十米处还有一处断崖,崖上有一块耸立的巨石。这块石头形状像人的大拇指,人们叫它"拇指石"。石头表面平坦、光滑,人们可以在上面卧躺休息。石头四周长着青松翠柏,这些松柏形状各异。清风拂过,松涛声阵阵。

卧鹿山风景

<ruby>松树羊<rt>sōng shù yáng</rt></ruby>

松树羊是卧鹿山的主峰,海拔 519 米,峰上石崖与松融为一体,形状如同山羊,所以人称松树羊。

<ruby>卧鹿背<rt>wò lù bèi</rt></ruby>

在距卧鹿山顶峰大约 30 米的地方,有一大青石,斜卧山上,石长约 40 米,宽 7 米,中间凸出,酷似鹿脊。卧鹿山的名字就从此而来,而这块山石就叫"卧鹿背"。

文化拓展 wén huà tuò zhǎn

中国传统文化中的吉祥物 zhōng guó chuán tǒng wén huà zhōng de jí xiáng wù
——葫芦 hú lu

在中国,建筑不仅是人们生存下来的物质条件,而且寄托着中国人对现实生活的各种美好追求与向往。实用价值、审美趣味、心理需求结合在一起就构成了中国文化中特殊的吉祥文化。那些带有美好寓意的装饰物品,那些能趋利避害的图案与形象,都与建筑紧密地结合在一起。于是,在中国传统建筑中,无论是居室、庭院,还是宫廷、官府、寺院,在这些建筑中,我们都能找到各种各样吉祥物与吉祥图案。

效圣寺大殿房梁上的葫芦图案,就是中国建筑中最习惯使用的吉祥图案之一。在中国传统文化中,葫芦有各种吉祥意义:

其一,因使用场合成为吉器。

吉器就是吉事、喜庆中使用的器具。在中国古代,新婚夫妇的"交杯酒"就是用葫芦喝的。人们把一只完整的葫芦从中间分成两半,装满"合卺酒"。喝过这杯酒,才算是成为夫妻。

其二,因生长态势、性能、实用,成为吉祥物。

一方面葫芦的适应性强,长势好,而且结出的果实饱满丰富。因此古人认为葫芦可以带来家族的兴旺、繁盛;另一方面葫芦既是器皿,也是食物。葫芦吃起来方便,用起来便捷。因此古人认为葫芦可以带来寓意顺利、如意;同时,从实用的角度看,葫芦可以装水,可以装药,可以作为兵器,因此代表健康、长寿,甚至包括驱灾难、避凶险。

其三,因读音成为吉祥物。

葫芦的称谓与书写仅汉字楷体就不少于五十种,这也成为葫芦文化的一个重要部分。葫芦最基本的称谓如瓠、蔓、笙、葫、芦、匏、瓢,可解释为大瓜、大圆球、大包或大泡和瓢瓜。古人利用谐音的方式,取读音相似的词与义,又赋予葫芦更多含义。葫代福,芦代禄,

057

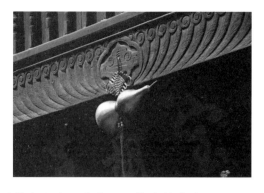

蔓代万,笙代生、升均为约定俗成,笙又因声音如春天生机勃发而代表生机。

因为葫芦丰富的文化内涵,在建筑、装饰、雕塑、绘画等形式里,中国人都喜欢使用葫芦这一形象。例如在民俗活动中有"食瓜求子",说的就是中秋节时,送葫芦给婆妇而数年不育者。这其中有送子、得子、人丁兴旺的含义;而在图谱中,有猴子上葫芦的内容,有代代封侯,世世为官的含义;而在道观

及佛庙也多以葫芦宝顶作为镇寺庙之灵宝。

普通百姓喜欢在屋梁下,悬挂葫芦,其称之为"顶"。而较讲究的民众,则用红绳线串绑五个葫芦,称为"五福临门 wǔ fú lín mén"。在台湾的乡间,流传一句谚语:"厝内一粒瓠 cuò nèi yī lì hù,家风才会富",意思是家里摆放一个葫芦,才会聚财、富有。

西南一些少数民族喜欢把葫芦籽钉在孩子的衣领上,保佑孩子平安生长;姑娘喜欢在领口、袖口、裙边锈上葫芦花纹以示吉祥;葫芦花洁白无瑕象征着爱情的纯洁、痴情。一些民族的小伙子也常在赠给姑娘礼物上,雕刻葫芦图案,象征自己的爱情像葫芦花一样洁白、纯净。

几千年来,吉祥的葫芦装满了人类对美好生活各种期许与希望,成为中国文化的重要内容。

4.1.5 辽东古寺祈康宁,宝殿巨佛佑众生 Liáo dōng gǔ sì qí kāng níng,bǎo diàn jù fó yòu zhòng shēng

——辽阳广佑寺 liáo yáng guǎng yòu sì

广佑寺位于辽阳市。始建于汉朝,是佛教传入中国后最早兴建的佛教寺院之一。在唐、金、元、明、清不同朝代都有进行过大规模修复。据史料记载,明朝时广佑寺达到最兴盛时期。当时寺院占地面积曾达到 90000 平方米,庙宇有 189 间,东北地区所有寺院都由广佑寺管理,可以说是中国东北地区最大的佛教活动场所。清朝时,康熙皇帝曾写诗赞颂广佑寺的宏大。

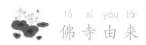

佛寺由来 fó sì yóu lái

广佑寺原为"大清安禅寺 dà qīng ān chán sì"。金代皇帝完颜雍的母亲在辽阳出家。朝廷特别出钱建造了这座寺院,这里也成为当时的皇家寺院。完颜雍的母亲李氏是渤海贵族,嫁给金国皇帝的第三个儿子宗辅。宗辅战死,按照金国的风俗习惯,"父死则妻其母,兄死则妻其嫂",丈夫死后李氏本应改嫁,但是李氏不愿遵守这个习俗,她自愿出家,当了尼姑,于是就有了"大清安禅寺"。元代时,寺院改称"广佑寺"。此后,在明朝初年的战争中,寺庙被焚毁。1383 年又重建寺院,其规模与影响力也达到顶峰。但在 2002 年,广佑寺得到重建。

广佑寺　寺内全景

建筑布局

广佑寺占地面积 60000 平方米,整座寺院由南向北,依次是牌楼、山门、钟楼、鼓楼、天王殿、东西方大圣殿、大雄宝殿、圆通禅院等建筑。

青石牌楼高 16.9 米,是目前世界上最大的青石牌坊,高 16.9 米,长 34 米,由 95 块青石雕刻后组合而成。石牌楼的左侧是车马出行雕塑。雕塑形象来源于辽阳汉魏时期的壁画墓,内容是当时辽东太守出外巡查时的情景。右侧是丁令威雕塑,丁令威曾任辽东郡太守,当时爱民如子,受人敬仰。

广佑寺　石牌楼

寺院大门也称作山门。山门左侧是钟楼,右侧是鼓楼。寺院内钟和鼓的作用是报时和召集寺内僧人。大钟为青铜制成,重 5 吨,高 2.4 米,下口直径 1.5 米,传音 5 公里;大鼓为牛皮制作,直径为 2.2 米。

天王殿与大雄宝殿相对。大雄宝殿为寺院内主体建筑,也是目前世界上最大的大雄宝殿。

圆通禅院为广佑寺附属殿宇,建于寺院北侧。占地 3000 平方米,大殿为仿古建筑,通高 17 米。"圆通"是观音菩萨别称。此殿专门用于供奉观音菩萨。殿内供奉千手千眼观音菩萨坐像,通高 6.2 米。

代表性建筑

广佑寺大雄宝殿是目前世界上最大的大雄宝殿。大殿建于汉白玉石砌成的基座上,为三层楼阁式建筑,通高 41.7 米,面宽 73.78 米,进深 49.8 米,总建筑面积达 11472 平方米,堪称世界佛教殿宇之最。殿前一共有 24 级台阶,代表辽阳 2400 年的悠久历史。汉白玉基座高 3.6 米。在建筑风格上,大殿

广佑寺　大雄宝殿

为典型的辽代建筑。殿顶呈黑色,屋檐两边呈弧形渐渐向上翘去中,呈现出一种"升起"的状态。整体外观高大雄壮,梁柱斗栱粗壮古朴。大雄宝殿后墙壁,雕塑有"海岛观音"塑像

群。塑像高 20 余米,是广佑寺特有的泥塑佛像群,其中有大小佛像 100 多尊。塑像群表现的是观音菩萨在南海讲法,众菩萨、天神听法的故事。

大雄殿内的佛像是目前世界上殿内佛身最高、体积最大的木质释迦牟尼坐像。佛像总高为 21.48 米。"21"代表"21 世纪","48"为佛祖四月初八生日。佛像面部为 28 平方米,耳朵长 3 米,张开手掌可站八人,弯曲的手指与一个成人的身高相近。佛像全身贴金,共使用黄金 24000 克。

古佛传奇 (gǔ fó chuán qí)

广佑寺供奉着一尊藏传普贤菩萨像(pǔ xián pú sà xiàng),其特点是祖上身,细腰收腹,体态显 S 形。这尊佛像不仅对研究佛教在东北的传播历史有很大帮助,而且佛像历经"三劫",都神奇复回到广佑寺,被人们称为"镇寺之宝,神秘古佛"。

20 世纪初,沙皇俄国(shā huáng é guó)的士兵来到广佑寺。他们对寺内有几百年历史的古佛普贤菩萨垂涎三尺(chuí xián sān chǐ),并决定将其带回俄国,可是运送佛像的过程极不顺利。途中,许多士兵遭遇不幸,不是突然死亡,就是遇到危险。他们虽然不能理解佛像的神力,但也感到十分恐惧,于是将古佛舍弃,古佛在百姓的保护下回到广佑寺。

此后,在二战期间,日本士兵也打算将古佛运回日本。他们偷偷地将石佛运到大连港口。没有想到,在启航时,又发生了奇怪的事情。本来风平浪静的军港,突然乌云密布(wū yún mì bù),狂风骤起,载有古佛的军舰东摆西摇,根本无法启航。

广佑寺 普贤菩萨像

日军士兵不知所措(bù zhī suǒ cuò),纷纷远离军舰。等到风浪平息,日军再次准备启航时,狂风又再次刮起。这一次,日本士兵相信真的有神佛存在。他们小心翼翼(xiǎo xīn yì yì)地将石佛从舰上请回陆地。于是,古佛又重新回到广佑寺。

公元 2005 年 12 月 19 日,广佑寺内的古佛被文物贩子窃出。这些窃贼为窃取古佛准备了三个多月。但没想到的是,就在古佛被秘密运到广州港,即将运送出国时,辽阳公安突然出现在古佛面前。古佛再一次被送回广佑寺。

事后,中央电视台《焦点访谈》栏目等多家国内外媒体均较详尽地报道了神秘古佛失而复得的传奇过程。人们都称这尊古佛是"镇寺之宝",相信神佛在暗中守护着广佑寺。

民间传说 (mín jiān chuán shuō)

在广佑寺山门前,有一座丁令威驾鹤升仙雕塑(dīng lìng wēi jià hè shēng xiān diāo sù)。丁令威曾经是辽阳的一位太守。在辽阳民间,流传着有关他的故事。

传说中,丁令威是一位正直、清廉(qīng lián)的好官,他深受百姓爱戴。当年,丁令威在辽阳做官时,辽阳连续几年遭受灾害。不是干旱,就是洪水。当地百姓连续几年吃不饱饭。后来更有很多人饿死在街头。

这一年,又是遇到了严重干旱。从春天到秋天也没下过一次大雨。城里的大小河流都干涸,水井里也没有一滴水。城里树木枯死,庄稼地也干裂。丁令威看着百姓们一个个背井离乡、逃荒要饭的悲惨景象,他十分焦急。为了不让百姓们饿死,丁令威冒着生命危险,下令打开官府的粮仓,给百姓免费的粮食。

广佑寺　丁令威驾鹤升仙雕塑

百姓们有了吃的,也都得救了。但丁令威却被一些奸臣诬陷(wū xiàn)。他们说丁令威无视皇帝,私自将国家的粮食给了老百姓。这样破坏了皇帝的声望。皇帝一听十分生气,他立即下旨将丁令威砍头。

这一天,皇帝派来的人宣读完圣旨后,就要将丁令威带到辽阳的太子河旁砍头。辽阳城的百姓们,听说皇帝要杀丁令威,都来到太子河旁给丁令威送行。太子河旁站满了百姓。

丁令威家养过两只白鹤,三年前曾经飞走了一只,还剩下一只。丁令威向监斩官要求,想亲手再喂一次白鹤。监斩官答应了他的要求,派人把丁令威家的白鹤牵到太子河旁。那只白鹤平时见到主人,展翅翩翩(piān piān)起舞(qǐ wǔ)。可今天见到主人,却不断流泪。丁令威喂它食物,它也不吃。这时,只见白鹤抬起头,伸长脖子,对天空连声哀叫。

砍头的时间已到了。就在监斩官大声喊道"行刑(xíng xíng)"时,突然刮起大风,暴雨倾盆。从天空中飞下来一只白色的仙鹤,它就是丁令威家三年前飞走的那只仙鹤。白仙鹤围绕丁令威转了一圈,然后,用尖嘴把绑绳给啄开了。接着,两只白鹤并排站在一起,向丁令威点头,抖动翅膀。就这样,两只白鹤驮着丁令威向天空飞去。

说也奇怪,这时风也停了,雨也住了。百姓们向天空望去,看见丁令威骑着白鹤越飞越高,越飞越远了。

事后,传说丁令威得道成仙。他经常化为一只仙鹤,遨游在万里蓝天。

辽阳的百姓为了纪念丁令威的救命之恩,就在他住过的胡同立起了华表。

千年以后,有一年,一群小孩来到城东华表山上华表柱前玩耍。他们正玩得高兴,忽然看见从天空中飞下来一只大鹤,它落在了华表柱上,向四下张望。这时,有一个淘气的小孩,正要射杀大鹤,这时大鹤开口说话了。大鹤说:"有鸟有鸟丁令威,去家千年(yǒu niǎo dīng lìng wēi qù jiā)今始归。城郭如故人民非,何不学仙冢累累(jīn shǐ guī fēi xué xiān zhǒng)!"意思就是我丁令威变成仙鹤了,离家很多年,今天回来看看。这辽阳城还是那座城,可人都不是那些人了。你们为什么不像我这样成仙?在天上自由自在该多好呢?你没看见那一堆堆的坟墓吗?人能活多少年呢?早晚还不得进土吗?

大鹤说完这些话,就又飞回天上去了。

文化拓展

wén huà tuò zhǎn

屋顶上的神兽

wū dǐng shàng de shén shòu

——脊兽

jǐ shòu

如果对中国古代建筑感兴趣，你一定会发现在中国古建筑的屋顶上总安置着一些小动物。这些小动物叫什么？它们为什么被放在屋顶上？

这些屋顶上的动物都是中国古代传说中的神兽。它们被放在屋顶上既起到了美化建筑的作用，也寄托着中国人祈求平安与吉祥的信念。

北京故宫　太和殿　脊兽

在屋顶两端相对的神兽，称为吻兽，也叫鸱吻。

chī wěn

传说中他是龙的儿子，从小就喜欢看热闹。他的嘴巴大而且口水多，嗓子又很粗，最喜欢吞火。于是，人们就把他放在屋顶两端，用他灭火消灾。

屋顶四面翘起的屋脊背上，常常排着一队小神兽，叫跑兽。他们的数量有时是三个，有时是五个，有时是七个，也有时是九个，但均为奇数，而且不会超过十。这些数量随着房屋等级高低和使用者身份的高低而有不同，等级越高的房屋，小兽的数量也越多。而这些小兽的排列也有一定顺序。通常情况下，龙在前，凤在后，其后是狮子、天马、海马、狻猊、押鱼、獬豸、斗牛。在屋顶上，这些小兽都各有功用。

shī zi　tiān mǎ　hǎi mǎ　suān
ní　yā yú　xiè zhì　dòu niú

龙是水族之王，也是帝王的象征。

凤是百鸟之王，也是圣德之人的代表。在中国古代社会，龙与凤既代表着身份的尊贵，也代表着吉祥如意。他们都是祥瑞的象征。

狮子是百兽之王，也是威武的象征。而且"狮"与"事"读音相似，因此他也带有万事如意的含义。天马和海马都是神马，他们是尊贵的象征，一个能飞上天，

广佑寺　圆通禅院大殿　脊兽

一个能潜入海底，傲视群雄，象征着皇家的威严与权力。

ào shì qún xióng

狻猊与狮子同为猛兽，传说中也是龙的儿子，代表着威武。

押鱼是海中神兽，掌管水中动物，可以利用云，带来雨水，是灭火防灾的神。

獬豸是正义的化身。传说中，他能分辨是非曲直，代表着勇敢与公正，也是"正大光明""清平公正"的象征。

斗牛同样是传说中的一种龙。他能除祸灭灾，兴云作雨，保护宅院平安，是镇宅的神兽。而在这一排小兽的前面，有一种仙人骑着凤凰站在队伍最前面。人们叫他"仙人引路"。但是如果去广佑寺的圆通禅院，就会发现，寺庙屋顶的神兽前竟然没了有"仙人引

行什

路"。之所以会这样，是因为这里供奉的是观音菩萨，有了菩萨指引，就不需要麻烦仙人了。

在中国古代建筑中，这些跑兽的数量通常不会多于九。但也有例外情况存在。这个例外就是北京故宫的太和殿。太和殿的殿顶上多出了一种神兽。因为他排行第十，所以人们叫他行什。他是一只带翅膀的猴面小兽，最擅长的是通风报信。人们把他放在殿顶上，让他帮助皇帝搜集情报。他也是皇权至高无上的象征。

4.1.6 景佑晓钟处，先祖享牲所
——沈阳太庙

盛京就是今天的沈阳。太庙是中国古代帝王供奉祖先的祭祀场所。清朝最初定都盛京，就建造家庙，并沿用了"太庙"的名称。按照惯例，太庙往往位于宫门前左（东）侧。盛京太庙正位于沈阳故宫大清门东侧。

太庙由来

清朝时，在盛京曾有两个太庙。一处在盛京城抚近门，也就是现在沈阳大东门外；一处就是在故宫大清门东侧。

太庙最初建于抚近门即大东门外 2.5 公里左右的地方。这是一座坐北朝南的四合院建筑。大殿供奉努尔哈赤以上的四位祖先，包括努尔哈赤的远祖、曾祖、祖父和父亲。因主要供奉这四位祖先，所以太庙也被称为"四祖庙"。清朝迁都北京后，在最初的几年也都会派遣官员回盛京祭祀祖先。但此后，因为"四祖"被请入北京太庙，所以盛京太庙就逐渐被废弃。

太庙门

1778 年，当时的皇帝乾隆打算去盛京巡视，他要求恢复盛京太庙。于是，人们就按照皇帝的要求，根据太庙建设的习惯，将沈阳故宫大清门东侧的旧庙"景佑宫"，重新修建成了太庙。

其实，景佑宫在清朝之前的明朝就已经存在。这里也叫"三官庙"。庙里供奉着天

官、地官、水官，是一座道观。传说中，天官赐福，地官赦免罪行，水官消除灾祸。努尔哈赤、皇太极兴建沈阳故宫，也想要得到庙里"三官"的保佑，于是保留了三官庙。当时的皇帝对这座小小的道观十分重视，这座道观在盛京城里也显赫异常。"景佑 晓 钟"是jǐng yòu xiǎo zhōng"盛京十六大景"中的一个景观。说的就是，景佑宫（三官庙）清晨鸣钟的景致。

063

就这样，在盛京城里前前后后出现了两座太庙。新修太庙建成以后，皇帝每次来到沈阳故宫时，都必须进太庙行礼。他们往往先在沈阳故宫稍微休息一下，就穿上龙袍前往太庙正殿。

与其他朝代的太庙相比，清朝太庙不仅仅是供奉祖先的地方，而且庙里还供奉着一些为国家做出重要贡献的大臣牌位。多数情况下，能够进入太庙的功臣都是满族人。但也有例外，清朝雍正皇帝时，曾旨大臣张廷玉配享太庙的荣誉。张廷玉也是唯一一位进入太庙的汉族人。

建筑布局
jiàn zhù bù jú

公元 1781 年，新建的盛京太庙完工。新建成的太庙因邻近故宫，所以占地狭小，其中包括 正 殿 、焚帛楼，东 西 配 房 、庙 门 等建筑。与其他建筑不同之处在于，太庙屋zhèng diàn fén bó lóu dōng xī pèi fáng miào mén顶为黄色琉璃瓦顶，这是皇家特殊地位的象征。

新建太庙的内部设置与其他太庙也不同。这里并未按惯例设清朝祖先的神位。1783年，乾隆皇帝将清朝帝后们的玉印等物品送到这里收藏。从此，历代帝后的玉印等物品都按这个规矩被收藏在盛京太庙。

如今的盛京太庙正殿供奉努尔哈赤和皇后，以及两位功臣的牌位；西殿供奉祖先社位；东殿放置帝后玉印、香案等物。

重要历史
zhòng yào lì shǐ

太庙的前身"三官庙"，虽然只是一座小小的道观，但因为它位于皇宫之内，地位十分特殊，所以在清朝迁都北京之前，一些重要的历史事件就发生在此地。

在这座小庙里发生的第一件大事，是皇太极礼待前朝重臣。公元 1631 年，皇太极率军围 攻 辽西。wéi gōng当时明朝官员张春被皇太极抓获。张春宁死不屈，拒绝投降。皇太极佩服他的气节与精神，于是将张春带回盛京，让他留住在三官庙，并且派了有名的僧人陪伴他，希望他能改变心意，投靠清朝政府。张春虽然没有投降，但他利用自己的特殊身份促进了明清两朝

太庙 正殿

的议和。一直到死，他始终保留着明朝的发式，仍以明朝大臣的身份出现。张春在三官庙yì hé中生活了近十年的时光。1640 年，清朝军队攻打锦州，已经 76 岁的张春绝食四天，停止了呼吸。他死后，清朝的皇帝按照张春的遗愿，将他葬在千山南面，并在墓前立碑立塔。

第二件大事是皇太极劝降洪承畴。洪承畴是明朝的著名将领。公元 1642 年，在与清朝军队的战争中，洪承畴失败，后被押回盛京，关在三官庙里。洪承畴在明朝非常受当时皇帝的重视。他不能忘记明朝皇帝对他的恩德，所以不愿投降清朝。皇太极没有杀洪承

畴,而是派人在三官庙里劝说他。同时,皇太极还派自己的妃子夜里给洪承畴送去人参汤,同时脱下大衣为洪承畴抵御寒冷。洪承畴终于被感动,决定投降。根据清朝历史的记载,此后洪承畴为清朝统一全国立下大功。

第三件大事就是三官庙确立新君主。清太宗皇太极去世后,对于皇位的继承问题,皇室贵族内部有激烈的斗争。此时,亲王多尔衮想继承皇位。于是,他打算在三官庙与当时的重要大臣商议这件事,但却被大臣拒绝。第二天,在当时重要大臣共同商议下,六岁的福临,也就是后来的顺治皇帝,被立为新皇帝。大臣们还在三官庙里发誓,要共同辅 佐(fǔ zuǒ)小皇帝。

wén huà tuò zhǎn
文化拓展

qīng cháo huáng jiā de jì sì chǎng suǒ
清朝皇家的祭祀场所
—— táng zǐ
——堂子

堂子是清朝满族人祭祀天神和祖先的地方。清朝时,遇到重大的政治、军事行动,或重要节日,皇室贵族就在庙内举行祭祀活动,当时称"谒 堂 子(yè táng zǐ)"。

沈阳的堂子设在盛京城东。殿前立有索伦杆,殿内主供努尔哈赤父亲和祖父的画像及灵牌。当时祭堂子活动按一定的礼仪顺序进行,隆重而又烦琐。主祭者多是努尔哈赤本人。祭祀要祭祖先,也要祭社天地神灵等。努尔哈赤每逢出征、凯旋或有重大军政活动都要在堂子举行祭祀仪式。

皇太极时,堂子庙也被扩建,增加了 享 殿(xiǎng diàn),殿内供有努尔哈赤的衣服和佩刀等。另外还建有拜天国殿、膳房、僧房等。堂子围墙为红色砖墙,气氛肃穆庄严。不过,堂子的祭祀活动只有满族官员及皇族参加,汉族官员不能参与。

Nào shì cáng yōu dì tài qīng yào fèng tiān
4.1.7 闹市藏幽地,太清耀奉天
shěn yáng tài qīng gōng
——沈阳太清宫

沈阳太清宫位于沈阳市沈河区一条繁华的街道上。太清宫始建于公元1663年清朝康熙时期,距今有三百多年的历史。这里是东北最大的道教场所,也是东北地区道教活动的中心。

gōng guàn yóu lái
宫观由来

太清宫,原名三教堂,又名太清丛林。据历史记载,当时沈阳干旱严重。人们请了道教的仙人郭 守 真(guō shǒu zhēn)祈雨(qí yǔ)。郭守真选择沈阳城西北城楼外一块凹地,在那里建起一座小道观,起名叫三教堂。这就是太清宫的前身。1779年,这座道观的规模不断扩大,里面

沈阳 太清宫 门额

已经有房屋 35 间。第二年进行扩建后,里面有楼宇共 88 间。从此,这座道观成为东北第一道教活动场所,并改名为"太清宫"。

太清宫开 山 祖师郭守真,本是辽宁省辽阳人。幼年时,他在山东省马鞍山的聚仙宫拜师,开始在老师李常明的指导下学习道教经典。后来,他回到辽宁,在本溪市的铁刹山中修行。清朝时,被当时盛京的将军请到沈阳,主坛祈雨。如愿后,便在沈阳修建了太清宫。所以,郭守真被奉为沈阳太清宫的祖师。

建筑布局

太清宫占地面积 4000 多平方米,坐北朝南,前后有四个院落,包括老君殿、玉皇殿、吕祖殿、邱祖殿、关帝殿、三关殿、郭祖殿等重要殿堂。整个宫观采用四合院结构布局,南北纵深,东西对称,结构均衡。殿堂雕梁画栋,神绘、神像都神采奕奕、栩栩如生。

沈阳 太清宫

太清宫四个院落内,都供奉不同神像,每个院落都有主体殿堂。

前院建有灵官殿,即为太清宫山门。院内正北侧建关帝殿。此殿青瓦铺顶,墙体素面,没有彩绘。殿内供奉关羽象。

二进院的北面建有老君殿。老君殿是太清宫主要建筑之一,殿内供奉老子坐像。老子被认为是道教的始祖。

三进院内东内里建有吕祖楼。吕祖楼有两层,楼前有走廊。吕祖叫吕洞滨,一般认为吕洞滨是唐朝人,生在官宦世家。他虽从小就勤学苦读,但到四十六岁时仍然没有考出好成绩。此后,他终于觉悟,放弃功名利禄,来到终南山修道,成为道教的重要创始人之一。

西侧有邱祖楼。建造形式与东侧相同。邱祖楼内供邱处机像。与吕祖相似,邱处机也是道教的宗教领袖之一。

北面正中为玉皇阁,阁内供有玉皇的坐像。

四进院内原有郭祖塔、碑楼。石碑上记载了太清宫的创建历史。但遗憾的是,这部分建筑已经不存在。

历史故事

难倒皇帝的对联

在太清宫的老君殿前有这样一副对联。就是这副对联曾经难倒了清朝的乾隆皇帝。

相传,乾隆皇帝回沈阳祭祖时,他带着纪晓岚等大臣到沈阳太清宫参拜。在老君殿

前,皇帝怎么也不认识对联上的字。于是就让随行的大臣纪晓岚
来念一下。纪晓岚看后也是一问三不知。乾隆皇帝说:"纪晓
岚,你编得出《四库全书》,怎么会不认得这么个对联呢!"纪晓
岚回答说:"微臣真的不认识,我去请教一下老道。"

于是,纪晓岚就请来了郭守真的徒弟,徒弟回答说:"这是道家
特有的字,是道家制长生不老药的方法,已经传了两千多年了。"接
着就念道:"玉炉烧炼延年药;正道行修益寿丹。"

太清宫 老君殿 对联

民间传说

道教是中国本土的宗教,距今已经有1800多年的历史了。太清宫是东北地区最大的
道观,坐落在沈阳小西门外一条繁华的街道上,距今已有三百年的历史了。

作为一处道教场所,太清宫本来应该建在山上,可是为什么却建在这闹市之中呢,这
里还有一个有趣的传说。

在康熙二年(1663年),盛京城大旱,河水都干涸了,庄稼也枯萎了,老百姓的生活都
成了问题。盛京城的大将军乌库扎万般无奈,只好贴出求雨的告示,如果有人能够求雨成
功,就赏赐给他三千两银子。告示刚贴出不久,就有一个叫郭守真的道士前来揭榜,守卫
的士兵连忙把道士带到了乌库扎的面前。乌库扎看到有人能够求雨非常高兴,他问郭守
真:"你用什么方法求雨?"郭守真说"你给我搭个高法台就行了。"乌库扎按照郭守真的话
去做了。

第二天早晨,郭守真就登上高台开始求雨。求雨那天,数万人前来观看,大家都半信
半疑。没想到,不一会儿的工夫,天边就乌云滚滚,接着电闪雷鸣,不到两个时辰就下起
雨来。郭守真求来了一场大雨,解决了盛京城的旱情,百姓们非常高兴,纷纷向郭守真表
示感谢,并把郭守真奉为"神"人。

这场大雨解决了当时的旱情,按照之前的承诺,郭守真应该获得三千两白银,但贪财
的乌库扎不但不守诺言,反而把郭守真抓了起来。过了七天之后,乌库扎的母亲突然发生
了急病,医生诊断后说开了副药方,需要新鲜的玉兰花做药引,乌库扎找了很多地方也找
不到新鲜的玉兰花。后来经人提醒,才想起了郭守真。

乌库扎找到郭守真的时候,看到郭守真红光满面地坐在地上,手中拿着一朵新鲜的玉
兰花。见到这样的情景,乌库扎终于心服口服了。为了表示感谢,乌库扎命人拿出一万
两银子送给郭守真。然而,郭守真却拒绝了,他把乌库扎带到求雨台旁的一处洼地前,并
表示,如果一定要感谢的话,就在这洼地上面修建一座道观。

可是该如何在洼地上修建道观呢?乌库扎对郭守真说:"如果你能将这洼地填平,我
将立即命人修建道观。"于是第二日,郭守真果然坐着蒲团漂在水面上,并对周围的百姓
说,如果你们能够用石头或土打到我的话,就送给你们每人一两银子。

消息传开了,人们纷纷兜着土和石头来到洼地,然而却没有一个人能打中郭守真,洼
地却被土和石头填成了平地。于是乌库扎这次兑现了他的诺言,在洼地之中建起了一座

道观。

　　这座道观就是现在的太清宫。事实上,所谓的求雨之说只不过是个传说而已,当年求雨的角楼就在太清宫东侧的马路对面,现在仍可以看到。不过太清宫确实是建在洼地之上的,直到现在仍不难看出这座建筑群低于地平线。

wén huà tuò zhǎn
文化拓展

zhōng guó shí dà zhù míng dào guàn
中 国 十 大 著 名 道 观

běi jīng bái yún guàn **北 京 白 云 观**　　位于北京西便门外,是道教中全真派的"第一丛林"。 qiū chǔ jī 全真派的创始人丘 处 机在此居住。	
wǔ hàn cháng chūn guàn **武 汉 长 春 观**　　位于湖北省武昌市双峰山南。此处山势起伏,观内供奉邱处机。	
sū zhōu xuán miào guàn **苏 州 玄 妙 观**　　位于江苏省苏州市观前街,创建于 276 年,兴盛时有殿宇 30 余座,是当时全国最大的道观。道观里有目前中国仅存的两块老子像碑之一。	

068

kāi fēng yán qìng guàn **开封延庆观** 位于河南省开封市包公湖东北部,是中国道教史上具有重要地位的宫观。建于公元1233年。原名重阳观,为纪念道教重要人物王重阳,他是道教创始人之一。后改名延庆观。	
zhè jiāng jīn huá guàn **浙江金华观** 位于浙江省金华市双龙洞南侧,民间称黄大仙观。	
guǎng zhōu wǔ xiān guàn **广州五仙观** 位于广州市惠福西路,建于公元1377年明朝时期,是一座祭祀谷神的道观。后殿东侧有裸露的红砂岩,上有巨大的脚印状凹穴,古人一向以为这是"仙人足迹",得以保存下来。	
jiāng xī zhèng yī guàn **江西正一观** 位于江西省鹰潭市。公元1563年,经修 ^{xiū shàn}缮 而成。	

xiāng fán zhēn wǔ dào guàn **襄樊真武道观** 位于湖北省襄樊市,俗称"小金顶"的真武山。1412年,明朝皇帝要求修建武当山道观。当时运送武当山建观所需物品的船数以万计,停泊在真武山的汉江中。突然兴起了狂风巨浪,众方惊惧,只见祥光数现,随即风平浪静(**fēng píng làng jìng**),水天一色。众人皆说是真武大帝显灵,于是在山上修建了真武观。	
wǔ xiāng huì xiān guàn **武乡会仙观** 位于山西长治市武乡县城东。南宋道士贾志韬会仙于此,故以得名。殿内四壁绘有人物山水壁画,绘技精湛。	
wǔ zhì jiā yìng guàn **武陟嘉应观** 位于河南省焦作市,建于公元1723年。当时清朝皇帝为纪念在武陟建水坝功臣,以及祭祀河神而修建。特点整座道观将宫殿、寺庙、衙门融为一体。建筑风格形似故宫,有"北京小故宫"之美誉。	

4.2 古塔
(gǔ tǎ)

4.2.1 千年瑞塔 流光碧汉
(qiān nián ruì tǎ liú guāng bì hàn)

——辽阳白塔
(liáo yáng bái tǎ)

辽阳白塔位于辽阳广佑寺西面,也称广佑寺塔。因塔身为白色,也称白塔。它是东北地区最高的砖塔。

佛塔由来

070

白塔的建造与广佑寺有很大关系。当年金代皇帝完颜雍的母亲李氏在广佑寺出家为尼。她生前留下遗言，要求死后不与丈夫埋葬在一起。李氏死后，皇帝遵从母亲的遗愿，在广佑寺旁修建了白塔，作为母亲的葬身之地。

其实，有关这座佛塔的具体建造年代，并没有确定的说法。还有人说这座白塔在金代之前的辽代就已经有了。辽代时，统治阶级内部的斗争十分严重，皇位的更迭十分频繁。辽国一直想扩大疆土，不断发起对外战争。连年的战火使百姓无法安定生活，可以说是民不聊生。就在这个时期，佛教传入。佛教思想让生活在困苦中的人民找到了精神寄托。于是，辽的统治者就大力提倡、推广佛教。他们在全国范围内大

辽阳 白塔

量建造佛塔、佛像，以此来推动佛教思想的传播。辽阳白塔就是在这种背景下建造的。

为什么当时的统治者会选择在今天的辽阳建塔呢？因为在古代，辽阳是东北重要城镇，在军事上有重要价值。辽代的统治者希望佛塔能保护辽阳的安定，其实也是稳定他们在东北地区的统治。所以，这座古塔是一座"保国宁边"的佛塔。

建筑结构

白塔高 70.4 米，为八角形，共十三层，由基座、塔身、塔檐、塔刹四部分组成，各部分都有砖雕佛教图案作为装饰。塔身的第一层为塔的主体部分。在八角形的塔身上，每面都有佛龛，高 9.375 米，宽 7.55 米。龛内供有砖雕坐佛。佛像都端坐在莲花座上，神情庄严恬静，栩栩如生。佛像左右各立有一尊胁侍，脚踏莲花，手拿法器。佛龛上方雕飞天仙女一对，姿态飘然，似仙女散花。

佛塔在建造时仍采用背北面南的设计。八面塔身中，南面为塔的正面。在南面塔檐下，陈放有木制匾额，上面雕刻有"流光碧汉"四大个金字。"流光"代表着佛光普照；"碧汉"意思是绿色的天空，那里是佛的天国，也就是极乐世界。辽阳白塔气势挺拔，直冲云霄。"流光碧汉"既是对白塔气势的赞美，也是希望塔内供奉的八面佛保佑天下太平。

从第二层向上至第十三层，塔身逐层向内缩小，紧密相叠，给人以安定和谐、端庄优美的感觉。同时，在塔身上，每两层之间的墙壁上悬挂有铜镜，塔身上下共镶有九十六面铜镜。在阳光的照耀下，金光闪闪，如同佛光。

八角塔檐稍微外翘，檐角远伸，下系风铎，共一百零四个。塔的顶部为塔刹。中间竖有一杆高 9.5 米的铁杆，直径为 0.09 米，有避雷针的作用。

白塔整体结构严整，比例匀称，构造坚固。1975

塔身 佛龛 佛像

年辽宁地区发生强烈地震。在这次地震中,白塔安 然 无 恙,让人惊叹。

塔身的八面佛

辽阳白塔的塔身为八面,每面有砖雕佛龛,龛内坐佛,八面共八尊,俗称白塔八面佛。据考证,此八面佛为佛祖释迦牟尼八大弟子,即阿那律、富楼那、迦 旃 延、优婆离、罗睺罗、舍利弗、目 犍 连、须菩提。

阿那律,意译"如意"、"无贪"。据说他是佛祖的堂弟。佛祖成道以后曾回到家乡,阿那律佩服堂兄的道行,于是跟从出家,并成了佛祖的"十大弟子"之一。阿那律本人是个盲人,但有"通天眼",能知晓世界上一切生命的生死之事。因为他对人类世界看得太清楚、太明白了,所以他是最心平气和的一位罗汉,跟谁都能和得来,真正做到清 心 寡 欲、知足 常 乐。

富楼那,意译"满慈子"。富楼那与佛祖释迦牟尼同日而生。他和朋友30多人出家,入雪山修习苦行,得到四禅五通。释迦牟尼成道后,富楼那皈依佛教。他的口才非常好,擅长传播佛法,是位超级演说家。

迦旃延,意译为"剪剃种"、"扇绳"。迦旃延刚生下不久,父亲就去世了。他成了母亲的累赘,闹得其母不能再嫁,"如扇系绳",于是干脆就叫儿子"扇绳"了。他最善于解释和分析问题,被誉为"议论第一"。

优婆离,意译"近取"、"近执"。他是释迦牟尼做太子时的宫中理发师。以严格遵守戒律著称。佛祖特别称赞他是"真能持律之人"。

罗睺罗,意思是"覆障"、"障月"。罗睺罗是释迦牟尼在俗世生的儿子。

舍利弗,意为"鹙鹭子"、"秋露子"。舍利弗智慧敏捷,善讲佛法,被誉为"智慧第一"。

摩诃目犍连,意思是"大胡豆"、"采椒(豆)氏"。目犍连是个真实的人物,出身于上流社会。他是"神通第一"。

须菩提,意译"善观"、"善见"、"善吉"、"善生"等。须菩提自幼聪慧出众,只是性情暴躁,整天嗔 骂所见之人及畜牲,闹得父母亲友很厌烦他,须菩提在家中待不下去了,便离家入山。在佛祖的帮助下,他悟得"空"义,无情无欲,与世无争。

民间传说

有关辽阳白塔,在当地流传着"和尚驱 妖 建造宝塔"的传说。

从前,辽阳的百姓过着安居乐业的生活。有一年,春暖花开的季节,三月十五这天夜里,人们正睡得香甜,突然被"咣咣"的锣声和喊声惊醒:"不好啦!涨水啦!快起来吧……"人们闻声急忙跑出房门,见大水已涌到街门口,便争抢着上房、爬树、上墙,往高地方跑。

天亮了。人们朝四下一望,高地方的房屋被洪水淹到房檐,低处的院落已经找不到了。这水来得急,退得快。中午刚过,人们看到水往回落,地势高的地方很快便露出了地皮。奇怪的是,不是六月连雨天,太子河里根本没有涨水,这水是从哪里来的呢?与以往不同,这水还有一股海水味,地面上还遗落一些海蛤蜊、五角海星等海物。更让人心疑的是,有的人家丢失了人、畜,但不见尸体。

忽然,有人在城西北角城墙外一座不起眼的庙后边,发现一个大洞。往下一望,洞里黑不见底。投下石块,没有响声,人们猜这可能是是通大海的海眼。有一个曾在海边上住过的人说:"若是海眼那就麻烦了。海水每天涨一次小潮,这还可以。可初一、十五涨大潮,我们这里还会被淹的呀!"大家都想不出办法。

这时,不知从哪里来了一个和尚,他对大家说:"贫僧建塔镇妖来迟了"。大家一看,他年纪在五十左右,斜挎香袋,手拿禅 <ruby>杖<rt>chán zhàng</rt></ruby>,挤进人群,口中念念有词,他边念边走近海眼,他仔细向下望了一阵子,对众人道出了这海眼的来历。

原来,南边大海里一只螃蟹修行千年成了妖。它吃腻了海里的美味,想要尝尝陆地上的人畜。但从海边爬到内地太慢。于是就在地下掏了个大洞,随着潮水来到这里。这个冒水的地方正是这口海眼。现在唯一的办法就是建造一座十三层的宝塔将它压住。"工匠们在智勇和尚的指导下开始建。塔建完了,螃蟹妖也被赶走了。智勇大师有很大的功劳。当地百姓为了挽留他不再云游四方,都纷纷自愿捐钱捐物。他们将宝塔前面那座小庙重新翻修,增设殿堂,供智勇大师讲经用。于是,在辽阳就有了这座白塔和塔旁的广佑寺。

<ruby>文化拓展<rt>wén huà tuò zhǎn</rt></ruby>

<ruby>中国古塔之最<rt>zhōng guó gǔ tǎ zhī zuì</rt></ruby>

在中国,塔的布局、形式、建筑材料总是千变万化。中国最早的塔是木塔。由于木塔的防火性差,于是人们开始使用防火性能较好的砖石来建塔。现存最早的砖塔是公元520年北魏时期建造的<ruby>嵩岳寺塔<rt>sōng yuè sì tǎ</rt></ruby>,此塔高40米,历经一千余年仍巍然屹立。现存最早的石塔是公元611年隋朝时候修建的山东历城四门塔。也许由于石块沉重,搬运不便,这座塔无论是体重还是高度均较小。此后到唐、宋、辽、金,中国人的建塔技术不断完善。塔的造型更加多样,高度大大提升,塔身的雕刻装饰也更加丰富。以高度来看,现在古砖塔中,高度超过80米的有四座,超过70米的也有五座。

现存超过80米的砖塔包括:

<ruby>开元寺塔<rt>kāi yuán sì tǎ</rt></ruby>,位于河北省定州,建于公元1001年北宋时期,高84米。

<ruby>崇文塔<rt>chóng wén tǎ</rt></ruby>,位于陕西泾阳,建于公元1593年明朝时期,原高83.214米(陕西省志),近年重修后增高为87.218米。

<ruby>文峰塔<rt>wén fēng tǎ</rt></ruby>,位于山西汾阳,建于明末清初,原塔刹已不存,高度不详,1998年重建后高84.93米。

<ruby>中京大塔<rt>zhōng jīng dà tǎ</rt></ruby>,位于内蒙古宁城,即大明塔,约建于公元1036年辽代,原高74米左右,1981年维修后增高为80.22米。

开元寺塔

崇文塔

现存砖塔中,高度达到 70 米的古塔有 5 座,分别为:

yǒng yòu sì tǎ

永 佑 寺塔,位于河北承德,建于公元 1751 年清朝。此塔为楼阁式八角九层砖塔,重
bì shǔ shān zhuāng
修后高 70 米,是避暑 山 庄 的标志。

bào ēn sì tǎ

报 恩 寺塔,位于江苏苏州,即北寺塔,建于公元 1153 年南宋。此塔为楼阁式八角九
层结构,砖木混合,高 76 米,是最高的砖木塔。

huí lán wén fēng tǎ

回澜 文 风 塔,位于四川邛崃,建于公元 1867 年清朝。塔高 75.48 米。

报恩寺塔

太平兴国寺塔

liáo yáng bái tǎ

辽 阳 白塔,位于辽宁辽阳,约建于 1100 年,塔高 70.4 米。

tài píng xìng guó sì tǎ

太 平 兴 国 寺塔,位于山西运城,即安邑裂塔,建于北宋。塔高约 89 米;历经多次
地震后残存十一层,残高仍达 71 米。此塔目前自上而下裂为四瓣,塔顶裂缝超过 1 米宽。

4.2.2 四塔四佛 安民护国
sì tǎ sì fó ān mín hù guó

——沈阳四塔
shěn yáng sì tǎ

在沈阳旧城东西南北四个方向各建有一座藏传佛教寺院,每座寺庙都有一座白塔,这就是沈阳的清初四塔,史称"护国镇方四塔四寺"。这四座塔是沈阳城的护城塔,也担负着保护国都长治久安的作用。

沈阳的清初四塔是根据清朝皇帝皇太极的要求建造的。公元1640年动工,公元1645年完工。塔与寺院同时建造。每塔下必有一大佛。四塔占据旧城四方,名称各不相同。

东塔位于抚近门外,现在的大东区东塔街,名为"永光寺",含义是"慧灯朗照"。

南塔位于德盛门外,现在的东陵区南塔街,名为"广慈寺",含义是"普安众庶"。

西塔位于外攘门外,现在的和平区西塔街,名为"延寿寺",含义是"虔祝圣寿"。

北塔位于地载门外,现在的于洪区北塔街,名为"法轮寺",含义是"流通正法"。

四塔除了名称和所供奉的佛像不同之外,其他在建筑布局、规模大小、建筑造型等方面几乎完全一致。

四塔由来
sì tǎ yóu lái

有关清朝皇帝当年修建四塔的原因,历史上有许多不同说法。

一种说法源于盛京独特的地理位置。四塔建于沈阳,也就是盛京。这里是清朝的龙兴之地,也就是开始兴盛的地方。在清朝统治者的心中,盛京的平安能带来整个清朝的兴旺。当时,也曾有一位高僧对皇太极提到,"建四方白塔可使国家一统"。为了确保清朝不断强大,也为了实现统一全国的理想,皇太极必须要确保盛京地区的长治久安。四塔如同佛教中的四大金刚,起到了护国安民的作用。

东为慧灯朗照 名曰永光寺

一种说法建塔源于国家的需要。清朝初年,国家的实力还需要提升。当时政府对于周边少数民族的控制能力还较弱。为了团结蒙古族、藏族等周边少数民族,加快统一全国的脚步,当时的皇太极需要加强与蒙古族、藏族的联系,而宗教是最好的方式。

同是,当时皇帝的健康情况也不理想。皇太极去世之前,身体一直不好。为了消除灾祸,也为了求得健康长寿,他不仅要求修建四塔,而且还特别在四塔中建造了西塔"延寿寺",延长生命,祈求自己的平安。

在四塔修建的过程中,曾经发生过一件奇事。四塔开工第二年,皇太极手下有一位名将,在一场战斗中,被敌人的大炮击中,当场死亡。皇太极知道后,非常难过。于是,他赐给这位将军"宋锦、御褥、蟒被(sòng jǐn yù rù mǎng bèi)"等贵重的物品,准备将这位将军送回盛京安葬。可是,三天以后,这位将军竟然奇迹般地复活了。皇太极认为这是神佛保佑的结果,这位将军一定是被佛主保佑的人。于是,在他伤好之后,皇帝就派他主持盛京四塔的修建。四塔建成的那天,皇太极还赏给这位将军马匹、银两等贵重的东西。但遗憾的是,四塔建成没多久,皇太极本人就去世了。

南为普安众庶 名曰广慈寺

南塔广慈题

075

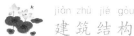

西为虔祝圣寿 名曰延寿寺

西塔延寿题

其实,四塔的名称也说明了皇太极修建四塔的目的。东塔的"慧灯朗照"中"慧灯"就是佛像前的佛灯,代表佛主、上天;南塔的"普安众庶"中"庶"就是老百姓;西塔的"虔祝圣寿"中"圣"就是"天子"也就是皇帝。有了上天佛主的保佑,有了百姓的安居乐业,有了皇帝的健康和贤德,才能够实现"流通正法""法轮常转",也就是国家的正常运转。清朝的统治才能不断延续下去。而这个"法轮"就是北塔的。所以在四塔中,北塔的地位最高。

建筑结构 (jiàn zhù jié gòu)

清初四塔的建筑形式相同,是由基座、塔身、相轮三个部分组成。塔高 24 米。基座为四方形,在四角和每面中间有两根石柱,每面构成三个门,左右两门上雕刻有狮子,中间为火焰,柱子上雕刻有花卉。塔身形状像宝瓶。南面有佛龛,内部供奉神牌。塔身上有十三层相轮,更高处为塔刹。

每座塔下都有一座藏传佛教的寺庙。这些寺庙的建筑布局也基本相同。以北塔法轮寺为例,寺内有山门、钟楼、鼓楼、天王殿、大殿等建筑共计四十二间。大殿悬挂清朝乾隆皇帝所写的匾额。大殿内供佛像一尊,菩萨八尊。乾隆皇帝曾为盛京四寺题写匾额,悬挂在四寺的大殿之上。永光寺为"慈育群灵",延寿寺为"金粟祥光",广慈寺为"心宏彼岸",法轮寺为"金镜周园"。

寺里佛像 (sì lǐ fó xiàng)

四塔四寺最大的区别是寺内所供奉的佛像并不相同。东塔永光寺供奉"地藏王佛";西塔延寿寺供奉"长寿佛";南塔广慈寺供奉"千手千眼佛";北塔法轮寺供奉"天地佛"。在历史上,沈阳人去东塔主要是祭奠死去的亲人和朋友;去西塔为了求长生不老、延年益寿;去南塔为了求治愈疾病;去北塔求生儿育女。

北塔法轮寺是四塔中保存最好的。这些大殿中供奉的是"天地佛",也叫"欢喜佛",它是一尊男女拥抱的佛像。男的青脸红唇,两臂搂着一位金身女子。女子头戴金冠,与男佛仰面相对。男佛腰间挂着许多骷髅头,他们脚下踏着两个一仰一伏的魔鬼,这是表示降服妖魔。裸体象征脱离凡尘,二佛拥抱,男性代表方法,女性代表智慧,代表着方法与智慧相结合的意思。

有关天地佛的故事在沈阳流传很广。当年皇太极修建北塔和护国寺时,找来工匠用泥塑一座佛像。第一个泥匠塑了一尊瞪眼佛。皇帝看到佛

像时,佛祖的眼睛大大地睁开,好像十分不满。皇太极一气之下杀了泥匠。第二个泥匠知道皇帝不喜欢表情很严肃的佛像,于是他塑了一尊哈哈佛。佛像开着大嘴哈哈大笑,没想到皇太极看到后,更加生气。他认为这座佛在嘲笑自己。一气之下,皇太极又杀了第二个泥匠。接二连三地有泥匠被杀,其他的泥塑匠都十分畏惧。他们都怕因为这件事被砍头。

后来,朝廷找到了个叫石头的泥匠,并要求他十天之内必须塑好佛像,否则还是要杀头。石头心里又恨又气。他心想,反正也得死,不如塑个佛像骂这个皇帝。到了日子,当大家把盖在佛像上的黄绫揭去时,众人都非常吃惊。佛像是一男一女光着身体,抱在一起。皇帝奇怪地问泥匠:"你塑的是什么佛?"石头说:"这是天地佛。以前有个皇帝去巫山,他在梦里遇到巫山的神女,并和神女相合。神女说自己白天变为行云,夜晚成为行雨。云代表天,雨代表地。自己与皇帝在一起,就是云雨之情,在天地之上。这座佛就是故事里的神女与皇帝,因此叫天地佛。"皇太极越听越喜欢,还赏给泥匠五百两银子。后来,盛京人都叫这座寺庙"天地佛庙"。据说,天地佛能赐给人子孙。凡是求子的人如果能举手摸一下佛的膝盖,就一定能心想事成。

南塔广慈寺中供奉的是"千手千眼佛"。传说中,千手千眼佛本是一位皇帝的三公主,美丽与善良并存,人称善公主。

有一次,皇帝得了急病,奄奄一息。神医说需要公主的一只手和一只眼入药。大公主和二公主都纷纷后退,最小的三公主却毫不犹豫地砍下自己的手臂,剜出自己的眼睛。皇帝服下药以后,立即 痊 愈(quán yù),活动自如。可三公主却成了独臂独眼的人。

后来,皇帝派身边的 鹦 鹉(yīng wǔ)去西天,请求如来佛封这位善良的独眼独臂三公主为"添手添眼佛"。不巧的是,鹦鹉把"添手添眼佛"说成了"千手千眼佛"。如来佛立即施法,让公主长出了一千只眼睛、一千只手,让她到达极乐世界。这之后,民间也开始供奉善良的三公主,据说这位千手千眼佛可以治病救人,正符合了南塔"广慈"的原意。

四塔四寺诞生的传说 (sì tǎ sì sì dàn shēng de chuán shuō)

相传,沈阳城旁有一条河叫小辽水。这里有一只千年的乌龟,可以呼风唤雨,兴风作浪。在附近居住的百姓都不能安稳生活。于是,东海龙王向玉皇大帝请求援助。玉皇大帝派托塔李天王去降服那只乌龟。李天王将手中的宝塔化作一条龙,骑在了乌龟的身上,称此举可镇住它三百年。那三百年之后该怎么办呢?后来,一位僧人梦见佛祖给了他一

个装有四颗佛牙的小盒子,说只要将这四颗牙齿放在龙脚上,此地便可以风调雨顺。僧人醒后对皇上讲了这个梦,皇上立即在沈阳城的四周修了装有佛牙的塔来镇压龙脚,也就是这东西南北四塔,从此沈阳果然成为久负盛名的福地。

wén huà tuò zhǎn
文化拓展

077

zhōng guó sì dà míng tǎ
中国四大名塔

sōng yuè sì tǎ **嵩岳寺塔**　位于河南省登封县嵩岳寺内,距今有 1487 年的历史。塔高 41 米,塔身为十二角形,内为楼阁式。该塔是中国现在最早的砖塔。	
qiān xún tǎ **千寻塔**　位于云南省大理洱海旁,是大理三塔之一,距今有 1000 多年的历史,约为唐朝时修建。自塔顶可以向东眺望洱海。	
shì jiā tǎ **释迦塔**　位于山西省应县佛宫寺内,塔建于 1056 年,因塔内供奉释迦牟尼佛而得名释迦塔。同时,全塔为木制,所以也称"应县木塔"。塔高 67.31 米,是世界上现存最古老最高大的全木塔。	

078

fēi hóng tǎ **飞虹塔** 位于山西省洪洞县广胜寺内,建于公元 1515 年至 1527 年之间。塔高 47 米,为八角十三层砖塔。塔外镶黄、绿、蓝三色琉璃的图案。	

4.2.3 五世同体 七宝庄严
wǔ shì tóng tǐ　qī bǎo zhuāng yán

——朝阳北塔
zhāo yáng běi tǎ

朝阳北塔位于辽宁省朝阳市双塔街北端。这里自古就以三塔著称。三座塔分别是东塔、北塔和南塔。三塔中,东塔在清朝时就已经坍塌,北塔与南塔保留至今,两塔相距仅 700 余米。两塔遥遥相望,记录着朝阳的历史变化。而在两塔中,北塔的建造年代更早,它是东北地区现存年代最早的古塔。

佛塔历史
fó tǎ lì shǐ

朝阳北塔始建于公元 485 年前后北魏时期,此后经历了三燕、北魏、隋、唐、辽五个历史时期,是名副其实的"五世同堂"。
wǔ shì tóng táng

在古代,朝阳也被称为龙城。公元 304 年至公元 439 年是中国历史上的十六国时期,朝阳在当时成为前燕、后燕、北燕的都城,有"三燕故都"的美称。此时,佛教刚刚传入东北,朝阳北塔也开始了它生命的第一段"旅程"。
sān yàn gù dū

前燕为少数民族鲜卑族建立。燕王慕容皝不仅仪表堂堂,而且崇尚经学,擅长天文。据史书记载,公元 345 年夏,龙山(现在的朝阳凤凰山)附近天空出现一黑一白两条龙。慕容皝带手下众人在近处观看,并为两条
xiān bēi zú　Mù
róng Huàng　yí biǎo táng táng

朝阳 北塔

龙准备了最好的祭祀品。两条龙十分满意,从龙山飞走。在中国古代,龙一直是太子的象征,龙山出现黑白二龙,令燕王慕容皝十分喜悦。他认为这是佛祖的安排,为了感谢佛祖,他决定营造寺院,供奉佛祖,同时,在这里建龙城为都城。于是,龙山上就有了龙翔寺。这座寺庙是史书记载的东北地区第一座佛寺。龙山下就有了"和龙宫"。

根据北塔下面八米多高的地基和东晋风格的龙柱石等遗迹,可以看出北塔就是在前燕慕容铣建造的和龙宫殿基础上建立的。和龙宫也成为了北塔的第一世身。

公元 370 年,前燕被灭。公元 384 年,前燕慕容皝的第五个儿子慕容垂建立了后燕。

北燕为鲜卑化的汉人冯跋建立,公元 409 年,冯跋称王,仍以燕为国号,龙城为都城,史称北燕。

北塔的第二世身应该是北魏时期的"思 <ruby>燕<rt>sī yàn fó tú</rt></ruby> 佛 图"。公元 485 年至公元 490 年北魏的皇后冯氏要为她的祖父北燕王冯弘祈祷,并借此弘扬佛法。于是,她在龙城和龙宫殿的旧址上修建的木塔,历史上称"思燕佛图"。这也是北魏王朝在东北地区建造的唯一一座皇家佛寺,后毁于火灾。

朝阳北塔就是在北魏"思燕佛图"残存的台基上建造的,这也成为北塔的第二世身。

到了公元 602 年隋朝时期,朝阳成为隋朝 113 州的一个重要组成部分。当时的皇帝隋文帝从小在寺院长大,印度高僧曾送给他一包佛身舍利。他成为皇帝后,将这些舍利分赐给天下 113 个州,并选出 53 州建塔供奉佛舍利。当时的朝阳为营州,也有机会获得舍利。史书记载,当时人们在朝阳建了梵幢寺,安置佛舍利。梵幢寺的位置就是"思燕佛图"所在地。隋朝的梵 <ruby>幢 寺 塔<rt>fàn zhuàng sì tǎ</rt></ruby> 也就是北塔的第三世身。

北塔的第四世身是唐天宝年间的开元寺塔。公元 742 至公元 756 年,唐朝皇帝李隆基下旨命令营州将领安禄山对隋朝的舍利塔进行修缮。唐朝的营州就是现在的朝阳。当时的舍利塔经过二百多年的时间,损坏十分严重。为此,当时对这座塔进行了两次修复。这成为朝阳北塔的第四世身。

到了公元 916 年,中国历史上的辽代。辽太祖又下令对梵幢寺塔进行两次大规模维修,并将其更名为延昌寺塔,也就是今天仍保存完好的朝阳北塔。而延昌寺塔也成为朝阳北塔的第五世身。

现在的北塔以三燕宫殿 <ruby>夯 土<rt>hāng tǔ</rt></ruby> 台基为地基,以北魏的"思燕佛图"为台基,以隋唐砖塔为核心,以辽代佛塔为外表,形成了一种"塔中塔"、"塔包塔"的构造,成为世界上唯一的五世同体的古塔。

<ruby>建筑结构<rt>jiàn zhù jié gòu</rt></ruby>

朝阳北塔为方形、空心,十三级砖塔。原高 41.8 米,现存高 38.7 米。北塔整体造型为塔身硕大,塔顶偏小的总形体。塔身四面中央雕有佛像一尊,两旁为菩萨,屈膝相对,手捧花朵。佛和菩萨上方雕有飞天、小塔等图案,形象逼真,工艺精湛。

塔心地下有地宫。宫内有一座保存完好的石 <ruby>经 幢<rt>shí jīng chuáng</rt></ruby> ,

北塔 地宫 石经幢

被称为"东北第一幢"。幢身为八角柱体,分四部分,通高 5.26 米。各部分雕刻有佛像、菩萨像、金刚力士、飞天、童子和莲花等图案。幢身上还刻满了梵文佛经。

塔身第十二层房檐处有天宫。天宫内有舍利塔、金塔等珍贵文物。

zhēn guì wén wù
珍贵文物

qī bǎo shè lì tǎ
七宝舍利塔

北塔在修缮中出土了大量文物,而其中最重要的文物是七宝舍利塔。七宝舍利塔是世界级文物之一。塔为方形,由台座、莲座、塔身、塔檐、刹顶构成,塔上面是由银丝串起的金银饰品,以水晶为主体,由金、银、玛瑙、琥珀、珊瑚、琉璃、珍珠、玻璃、玉石、贝壳等材料制成,因此称为七宝塔。

北塔　天宫　七宝舍利塔

在七宝舍利塔中安放着银棺,内部为木制。银棺里有一座方形金舍利塔,塔内有一个非常精美的金盖玛瑙罐。两颗佛舍利和五粒金珍珠就珍藏在这罐里。这两颗珍藏的舍利正是佛祖真身舍利。辽代出土的佛宝物,供奉的佛舍利塔很多,但尚未见有其他记载有此庄严供养,因此,北塔供佛舍利,七宝塔是第一庄严。

bō sī bō li píng
波斯玻璃瓶

波斯玻璃瓶,于北塔天宫出土。这个玻璃瓶形状类似一只蹲坐的鸟,下大上小,高 16
厘米,瓶身似卵状,最大的地方是瓶子的下半部,上部如同细细的颈部。瓶口似鸟头,手
bǐng
柄 如同鸟尾。

最为奇特的是,瓶内还装有一个小瓶,长颈,弧腹,有手柄,呈淡蓝色。

"瓶套瓶"结构的器形,极其罕见,目前只存世四件。但只有朝阳北塔出土的这件瓶保存最为完好。此瓶壁薄如纸,从伊朗不远万里运到朝阳,并放置北塔天宫千年不损,可谓奇迹。这是世界上唯一完整的一件波斯玻璃瓶。

公元前 3700 年前,古埃及人已制出玻璃装饰品和简单器皿,当时只有有色玻璃。约公元前 1000 年前,中国制造出无色玻璃。由于瓷器制造业非常发达,玻璃的出现并没有引起人们的注意。但西亚的波斯等国非常重视玻璃的制造。他们经过

北塔　天宫　波斯玻璃瓶

多年的努力,将玻璃制作工艺发展到极高的水平。从中国唐朝开始,玻璃就通过丝绸之路进入到中国,由于难得一见,所以只有贵族使用,寻常百姓都没有见过。朝阳北塔的这个玻璃瓶正是中西文化交流史的实物见证。

文化拓展

shè lì tǎ
舍利塔

舍利是佛教中僧人火化后的头发、骨骼、骨灰等遗物。通常白色为骨舍利；黑色为发舍利；红色为肉舍利。一般认为，只有虔诚奉佛，悟道的人才会自然结晶舍利，普通人办不到的。舍利的产生原因今天还不清楚，有人认为是遗体火化时的矿物质结晶物。在各种舍利中，佛祖释迦牟尼的舍利就是佛门的圣物。佛祖的真身舍利形态很多，有的粒状舍利子，有细长的牙舍利和指骨舍利（存世仅一枚，现藏陕西法门寺）。据传还有顶骨（头盖骨）舍利和锁骨舍利。

释迦牟尼涅槃后，弟子们将其真身舍利细心保存，安葬于圣地 王 舍 城 （wáng shě chéng），并建塔供养。所以，舍利被赋予了神圣的意义，扮演至高无上的角色。

塔在印度原本和坟墓同意，舍利塔，是存放佛祖释迦牟尼或后世高僧舍利子的塔。在中国，藏有佛骨真身舍利寺院只有以下几座：

第一座就是陕西西安的扶风法门寺，1987年人们在这里发现了释迦牟尼佛指骨舍利；第二座是北京灵光寺招仙塔，1900年人们就在这里发现了释迦牟尼佛牙舍利；第三座是北京房山云居寺，1981年在雷音洞中发现释迦牟尼佛舍利；第四座是镇江甘露寺铁塔，这里在1960年发现释迦牟尼佛舍利；第五座是杭州雷峰塔，2001年人们在这里发现释迦牟尼佛的发舍利；第六座就是辽宁朝阳北塔的释迦牟尼佛血舍利，1988年发现；第七座是山东汶上宝相寺内的释迦牟尼佛牙舍利，于1994年发现。

4.2.4 二佛并坐，禅塔双标
èr fó bìng zuò, chán tǎ shuāng biāo

——北镇崇兴寺双塔
běi zhèn chóng xìng sì shuāng tǎ

崇兴寺双塔位于锦州市北镇城东北。双塔建于辽代。辽代佛教得到大规模推广，当时辽的两位皇后信奉佛教，她们为尊崇释迦牟尼佛和多 宝 如 来 佛（duō bǎo rú lái fó），出资修造佛塔。于是，在北镇就了有"二佛并坐"的双塔。

北镇崇兴寺双塔为我国现存最古老的双塔。辽代受唐代影响，建造双塔，北镇双塔是东北地区保存最好的一处。

jiàn zhù jié gòu
建筑结构

北镇双塔东西相对，相距43米，东塔高约44米，西塔高约43米。两塔形式基本相同，都为八角十三层砖塔。在西塔中部，镶有《重修崇兴寺塔记》小石碑，刻录时间大约是公元1600年明朝晚期。

双塔的基座上都雕有各种花纹、狮子、大力士等。塔身每面都有佛龛，内有坐佛一尊。往上为十三层塔檐，各层均用砖砌，逐渐内收，每层的檐角挂有风铃。塔顶端装宝珠，由一种有特别功能的风磨铜制作，颜色像黄金，但价值高于黄金。传说这种风磨铜可减弱高空的风力。所以，皇家高大建筑上的顶端饰件和塔顶的宝珠都用这种材料。

由于双塔的宝珠金光闪烁，光彩夺目，加上两座塔高耸入云（gāo sǒng rù yún），十里之外都可以看见。蓝天白云映衬下，好像一对玉钻钻天。因此这两座塔有了"禅塔双标"（chán tǎ shuāng biāo）的美名。

北镇 崇兴寺双塔

民间传说（mín jiān chuán shuō）

崇兴寺双塔的所在地北镇，古代名为幽州，是军事重镇。当时，北镇城中并没有塔。离北镇不远的朝阳里有九座塔。朝阳城内有三座塔，朝阳城外凤凰山上的佑民寺里有六座塔。这九座塔传说是仙女变成九只凤凰飞到人间，落在朝阳，所以，自古以来，朝阳有"九凤（jiǔ fèng）朝阳（zhāo yáng）"的说法。

有一年，佑民寺下院三座塔变成三位仙女外出玩耍，它们化为三只凤凰往东南飞去。因为玩的时间过长，天黑了，正赶上这天夜里天空阴云密布，四周一片漆黑，三只凤凰边飞边看，找不到回路了，不觉飞到北镇上空。它们发现北镇东北放着红光，红光处是一片空地，它们就落下来想歇一会儿。三只凤凰一看这里的城墙高大，护城河水清澈，是个安居的好地方，一商量，就在此地安居了。

第二天清晨，北镇城的老百姓见城内东北的崇兴寺多了三座白塔，都很惊讶，认为这是仙人显圣，为广宁古城镇妖来了，都来给三座白塔进香朝拜。在进香的人群中，有一位少年公子，姓李，年纪二十来岁。这位公子长得眉清目秀，非常俊美。原来这天李公子正在书房读书，听管家说崇兴寺里一夜之间来了三座白塔，是个奇事儿。他放下书本，走出家门，来到了三塔前，仔细观赏。越看越觉得三座塔一座比一座好看。

李公子来到塔前，因为他长得俊美，一些朝拜进香的老少，个个都盯着他看，都说："这是谁家的相公，长得这么漂亮。"这时，三座塔也变为三位民间少女，来到朝拜进香的人群中，偷看李公子。姐妹们都悄声夸李公子长得俊。三位仙女对李公子都产生了爱慕之情，都愿意和李公子结为夫妻。但是，谁也没说出口来。

双塔 佛像

这天晚上，夜深人静的时候，三位仙女坐在寺内院中，回想白天的事。大姐想：今天进香的人群中，那位李公子长得真俊俏，我若能做他的妻子，成天侍奉他，也心甘情愿；二姐想：李公子的美貌，真是天下少有，我如能做他的妻子，成天给他干活，累死也称心如意；三妹因年纪幼小，不解风情，但也暗自夸李公子长得美。

说起来也怪，从此李公子就天天到三塔跟前观赏，三位仙女也和李公子见面。后来不知道什么原因，李公子好几天也没有到三塔来，三位仙女非常惦念他。都暗想：是不是他家教严，父母不叫他出来，还是他生了病，不能出来？

三位仙女变成了卖花女，突然出现在街道上，老百姓都感到惊奇，互相议论：咱们广宁城尽出新鲜事，头几天飞来三座塔，如今又从天上掉下来三个漂亮的卖花姑娘。看来北镇是一块福地啊。她们卖的花苗栽上就活，很快就开出香喷喷的鲜艳花朵，谁看谁喜欢。

一天两天过去了，三位仙女和往常一样，天天到街上卖花，个个心怀私情，为的是要找到李公子。她们天天走街串巷，走遍了全城千家万户。

一天，大姐来到一条小胡同。她走到一家门口时，这家是高大的门楼，漆黑的大门，听到"嘎吱"一声响，从门里走出一位上了年纪的老仆人，他说："姑娘，听说你卖的花苗好，给我选两棵吧！庆贺我家公子进京赶考得中了。"大姐一听，忙问："老人家，你家公子爷贵姓高名？"老人说："我家公子爷姓李，叫李杰。"大姐又问："你家公子得中了，现在是在家呢，还是上任去了？"老家院说："我家公子得中后，到东京辽阳上任去了。"大姐一听，马上给老人家选了两棵梧桐树苗和两棵并蒂莲花苗。老人接过花苗高兴地说："姑娘，你挑的好，梧桐树能招来凤凰，这并蒂莲嘛！但愿我家公子能娶位像你这样美貌的少夫人！"说完要向大姐道谢、付钱，抬头一看，这位卖花姑娘不见了。

原来，大姐赶忙回到了崇兴寺，她趁二妹三妹不在，就又化成一只凤凰，偷偷地飞走了。飞呀飞呀，一直飞到了东京辽阳古城。她见城内人口 稠 密，没有空地，只得落在城外太子河畔，变成了一座白塔。
chóu mì

北镇人们知道这事后，怕双塔再跑掉，就在东门外老虎圈里砸下了一根铁柱子，系上一根铁链，从地下通到双塔脚下，把双塔给牢牢地锁住。直到今天双塔还立在北镇的东北角，再也跑不掉了。

文化拓展
wén huà tuò zhǎn

中 国 四 大 双 塔
zhōng guó sì dà shuāng tǎ

在中国，佛塔采用双塔并立的建筑布局，开始于南北朝时期，以后历朝都有。现在，中国保存较为完整、具有代表性的双塔建筑共有四处。它们分别是辽宁北镇崇兴寺双塔、宁夏银川拜寺口双塔、泉州开元寺双塔和四川达县真佛山双塔。

宁 夏 银 川 的 拜 寺 口 双 塔
níng xià yín chuān de bài sì kǒu shuāng tǎ

拜寺口双塔位于贺兰山拜寺口内，两塔东西相距 100 余米相对而立。两塔均为砖塔，是宁夏境内唯一的砖塔。东塔为 13 层，西塔为 14 层。相传双塔是为纪念释迦牟尼佛和多宝如来佛而建。

quán zhōu kāi yuán sì shuāng tǎ
泉州开元寺双塔

　　泉州开元寺双塔位于福建泉州市开元寺内。东塔名为镇国塔,西塔名为仁寿塔。两塔相距 200 米。东塔始建于公元 865 年唐朝时期,高 48.24 米,塔基四周有佛本生故事浮雕;西塔建于公元 916 年五代时期,高 44 米。双塔在之后的修建中都被改为石塔。这也是我国现存的最高石构古塔。

sì chuān dá xiàn zhēn fó shān shuāng tǎ
四 川 达 县 真 佛 山 双 塔

liù jiǎo
　　四川达县真佛山双塔位于四川省达州市达县一佛村,建于公元 1848 年清朝,为六 角
shí xīn tǎ
实 心 塔。其中一塔高 42.65 米。塔身二十级,层层上收,用整块青石砌成。另一塔高
31.3 米,塔身十八级。两塔相距 10 米。

Shí kū zào xiàng
4.3　石窟造像

shí yá cún shèng jì　　gǔ dòng yǎng fó guāng
4.3.1　石崖存圣迹,古洞仰佛光

jǐn zhōu wàn fó táng shí kū
——锦州万佛堂石窟

　　石窟是佛教建筑的一种。人们在山坡石壁上开凿石洞,雕塑佛像,在此进行宗教活

动。在中国,从东汉时期开始,石窟造像就已经存在。这些大型的石窟遍布中国的新疆、山西、河南、辽宁等二十个省、市、自治区,具有极高的历史价值。万佛堂石窟是中国石窟建筑的代表,它是我国东北地区年代最早、规模最大的石窟群,历史地位和艺术价值都很高。

万佛堂石窟位于锦州市义县,北靠福山,南临大凌河,气势恢弘。义县是我们历史上重要的边 陲 重 镇(biān chuí zhòng zhèn),在魏晋时期名为"昌 黎(chāng lí)",这里曾是辽西地区最高行政机关的所在地,也曾是古代东方丝绸之路的重要驿 站(yì zhàn)。当年佛教由西亚传入东北时,这一地区就是僧侣们的落脚点。

石窟历史 (shí kū lì shǐ)

万佛石窟建于公元 386 年至公元 534 年之间。这是中国历史上的北魏时期。万佛堂内的石碑上记录了有关石窟建造的历史。

元景为报恩祈福建石窟 (yuán jǐng wéi bào ēn qí fú jiàn shí kū)

元景原名拓跋景,鲜卑人,生活在北魏孝文帝时期。公元 494 年,在朝廷任职的元景被小人诬告(wū gào),受到降职的处分。

公元 496 年,当时的太子受到一些贵族的教唆,发动叛乱,打算杀死孝文帝,夺取皇位。但太子拓的叛乱,很快被父亲孝文帝镇压下去。孝文帝一气之下处死了太子和太子周围的贵族。孝文帝在追查这件事时,有大臣诬告元景参与了叛乱。

孝文帝是中国历史上最杰出的古代少数民族政治家,他明察秋毫,深知元景是一位忠心不二的贤臣。孝文帝不但没有杀元景,反而加封元景为营州(辽宁朝阳)刺史,而对诬陷忠臣的人处以腰斩。

元景对孝文帝怀有感恩之心。当时北魏社会推崇佛教,许多地方都在建造石窟。元景亲自到河南洛阳邀请曾经设计过云冈石窟、龙门石窟的著名高僧——北魏时期著名石窟雕塑艺术家昙 曜 法 师(tán yào fǎ shī),到营州选址造建石窟,为孝文帝祈福,希望佛祖保佑孝文帝健康长寿。

万佛堂石窟　元景将军的铁塑像　万佛堂石窟　元景造像碑刻拓片(局部)

昙曜法师督造石窟
tán yào fǎ shī dū zào shí kū

Tán yào

昙曜(429—500)汉族,祖籍凉州,7岁开始学佛,后成为北魏时期最高的僧人官员。北魏文成帝拓跋睿在位时,大力恢复佛教。当时,皇帝封昙曜为统领全国佛教寺庙、僧众的最大僧官。在中国佛教史上,昙曜第一个提出了"皇帝即如来"的口号,得到了北魏统治者的支持,振兴了中国北方的佛教。

昙曜法师不仅是一位佛学者,还是一位多才多艺的艺术家,他对音乐、绘画、雕塑、建筑都有很高的造诣。昙曜法师设计开凿了云冈石窟,并将佛像与北魏五位帝王像融为一体,雕塑了云冈石窟中著名的"昙曜五窟"。孝文帝时,他又受到邀请,开凿了洛阳龙门石窟的宾阳洞、古阳洞。宾阳洞中的《帝后礼佛图浮雕》是昙曜法师的代表作品,可惜于1935年被帝国主义分子盗走,浮雕描绘了北魏孝文帝与皇后出行的场景。

公元496年,昙曜法师应元景的邀请,来到营州,帮助元景设计开凿了万佛堂石窟。

义县选址开凿万佛堂
yì xiàn xuǎn zhǐ kāi záo wàn fó táng

中国现存的一千余座石窟,都是选址靠山临水的位置。古人开凿石窟必须先观察山的走势,再观察其水的流向,同进勘察山体石质等,综合这些情况才能确定石窟的位置。

昙曜法师在营州走遍了当地,最后选择了依山近水的营州东三十公里的河城福山,福山下是大凌河。古人开凿石窟采用"大水法",福山山崖下临白狼河,有着取之不尽(qǔ zhī bú jìn)的水,而福山石质便于雕凿,所以昙曜法师就选择义县福山开凿万佛堂石窟。

帅使念精雕细琢刻石像
shuài shǐ niàn jīng diāo xì zhuó kè shí xiàng

帅使念(约414—504),鲜卑族。他的家乡曾出过两位著名的书法家,而他自己也是北魏著名的石匠。

他年轻时受到家乡两位书法家的影响,得到书法真谛。北魏社会石雕、石刻是一种社会风尚,帅使念为赡养父母,跟石匠学艺,因能写一手好字,刻碑远近闻名。当年大同云冈石窟就是昙曜法师和帅使念历时三十四年取长补短,求同存异,切蹉琢磨,精雕细刻的成果。他们共同创造了这气魄雄伟的云冈石窟。而三十四年里,昙曜与帅使念结下了深厚的友谊。

于是,在昙曜法师受元景的邀请,设计开凿万佛堂石窟时,他必然要请好朋友帅使念共同完成。义县万佛堂石窟是昙曜法师和帅使念晚年的共同作品。石窟群中的元景造像碑就是帅使念和长子共同完成的。

建筑布局
jiàn zhù bù jú

万佛堂石窟分为东、西二区,西区有九窟,东区有七窟。

西区第五窟东南角存有《元景造像记》石碑,上面记录着万佛堂石窟开凿于公元499年。《元景造像记》字迹遒劲挺秀,被评为"天骨开张、光芒闪溢",是我国北方所存唯一的、年代最早的北魏石碑。石碑上方窟壁刻的两排千佛式小坐佛,现仅存四躯;窟顶中心雕有大莲花宝盖和六人排列的小飞天,是"元魏诸碑之极品"。

西区第六窟为万佛堂的最大窟长8米多,保存有弥勒佛像一尊,高3.2米,是万佛堂里
最大的佛像。这尊佛像交脚依坐崖壁上,也叫交 脚 弥 勒 佛。佛像依山雕成,螺发波纹,
jiāo jiǎo mí lè fó

087

长眼,高鼻,薄唇低眉微笑,身着袈裟。左右侍立有弟子。石窟墙壁和窟顶还残存有一些
jiā shā
浮雕的小佛像、佛教故事以及莲花、飞天等图案,造型飘逸,线条优美。

万佛堂石窟　交脚弥勒佛

万佛堂石窟　千手观音

东区石窟,风化较严重。东区第三窟中的千手观音和二胁侍菩萨为明清时期匠人所塑。此佛像为泥塑金身,坐于宝座之上,有46只手从周身向外伸展,每只手上有一只眼睛,闪烁发光,至于手镶千眼,取的是手眼合一之意,教化人们做事切莫眼高手低,要手眼并举。

菩 提 圣 水
pú tí shèng shuǐ

千手观音洞窟后面的山崖上,有一株躯干粗壮、根深叶茂的菩提树。通常情况下,菩提树种生长在南方。但万堂佛堂石窟的这株菩提树已经有1500多年的树龄,它是此类树木中地理位置最北、形态最美、树龄最长的菩提树。

神奇的是在树下的断崖上,常年滴落晶莹的水珠,一点一滴汇入地面的一口水井,井水清澈见底,甘甜无比,多年来被人们誉为"菩提圣水"。自然界的雨水、地下水经过菩提
树根系的吸收、岩石的过滤让井水富含矿物质,而菩提树又是佛祖释伽牟尼修炼成佛的
guò lǜ
地方,就更为"圣水"增添了许多灵气。

当年清朝的咸丰皇帝住在承德避暑山庄,但是皇帝喝不惯那里带有碱味的咸水,就让人寻找甜水。找来找去,终于在万佛堂千手观音佛洞后找到了。咸丰喝到这甜水后,大加赞赏,连呼"圣水"。此后,每月都有数十大桶"圣水"供咸丰饮用,"菩提圣水"也因此得名。

088

万佛堂石窟

千年菩提树

wén huà tuò zhǎn
文化拓展

zhōng guó shí kū yì shù de dài biǎo
中国石窟艺术的代表
yún gāng shí kū
——云冈石窟

Yún gāng shí kū
云冈石窟位于山西大同城西八公里的武州山崖壁上,依山开凿,绵延一公里长。现在石窟洞53个,总计造像51000躯,最大者达17米,最小者仅几厘米,是世界雕刻史上的奇迹。云冈石窟从公元460年开始修建,分三个阶段,一直到公元524年全部完工。从艺术水平上,云冈石窟代表了公元5世纪至6世纪时中国杰出的佛教石窟艺术。其中由昙曜法师督造的五窟,布局设计严谨统一,是中国佛教
diān fēng
艺术第一个巅峰时期的经典杰作。

昙曜法师像

云冈石窟分为东、中、西三部分,石窟内的佛龛,像蜂窝
xiāng qiàn
密布,大、中、小窟疏密有致地镶嵌在云冈半腰。东部的石窟多以造塔为主,故又称塔洞;中部石窟每个都分前后两室,主佛居中,洞壁及洞顶布满浮雕;西部石窟以中小窟和补刻的小龛为最多,修建的时代略晚。

"昙曜五窟"开凿于公元460—465年,是云冈石窟的第一期工程。据说,当时孝文帝为显示北魏皇帝权力命昙曜法师建造石窟;石窟多为马蹄形圆顶洞,用以容纳大佛。造像主要是过去、现在、未来三世佛。主佛形体高大,占窟内主要位置。佛像面相方圆,深目高鼻。这五个石窟的中央都雕刻了巨大的如来佛像,象征了北魏的五代皇帝。

云冈石窟 第三窟   倚坐阿弥陀佛

云冈石窟第三窟为规模最大的洞窟,前立壁高约 25 米,传为昙曜译经楼。窟分前后两室。前室上部左右各雕一塔,中雕方形窟室,主像为弥勒,壁面雕千佛。后室南面两侧雕刻有面貌圆润、肌肉丰满、衣纹流畅的一佛三菩萨。坐像高约 10 米,二菩萨立像高 6.2 米。

第十八窟为一尊披着千佛袈裟的释迦立佛,之所以称之为千佛袈裟,是因为袈裟上刻有无数的小佛像,属世界罕见。佛像左手将袈裟扶在胸口,手势呈 忏 悔 状,给人深思忏悔的感 chàn huǐ 觉。其实这尊佛代表太武帝拓拔焘,昙曜造佛像时,一边考虑到太武帝曾经灭过佛法,一边又想他也完成了北魏统一大业,于是合情合理地设计出此千古独有的一尊造像。

云冈石窟 第十八窟 释迦立佛

第二十窟为露天造像,正中为释迦坐像,高 13.75 米,为云冈石窟的代表作,面部半圆,深目高鼻,眼大唇薄。大耳垂肩,两肩齐挺,造型雄伟,气势浑厚。有人认为它是北魏皇帝的化身,是昙曜为报答知遇之恩而造。但在很多人眼中它是完美的佛的化身。

云冈石窟 第二十窟 释迦坐佛

4.3.2 禅师起宏愿,石壁留千佛
chán shī qǐ hóng yuàn shí bì liú qiān fó

——彰武千佛山摩崖造像
zhāng wǔ qiān fó shān mó yá zào xiàng

千佛山位于辽宁阜新彰武县附近,本名阿古庙山,"阿古"是蒙古语,汉语是"山洞"的意思,因山上的观音洞而得名。山上怪石嶙峋,枫树环绕,水草肥美。摩崖造像就雕凿在这些怪石上,隐藏在山林中。

建造历史
jiàn zào lì shǐ

千佛山摩崖造像始建于公元 1903 年清朝末年。清朝政府历来重视与蒙、藏等少数民族的关系,并希望通过发展宗教,特别是藏传佛教的方式,来增进与蒙、藏少数民族的联系,加强对他们的统治。千佛山摩崖造像就是在这个背景下建造的。

千佛山 造像

传说中,清朝末年,有一位汉族和尚朱温久携徒弟从山西五台山云游至此。他见到这座山处处青石壁立,古木苍劲,于是先在山下修了寿宁寺,后在山上修了观音洞。此后,他立下誓愿要在此山摩刻佛像千尊。前后历时 30 余年,在环山的青石上就出现了那些大小不一、疏密不等、神态各异的佛像,共计 206 尊。然而,时局动荡,战乱不断,原来雕凿的1000 尊佛像的计划,不得不中断。朱温久只能带领徒弟返回五台山,留下了这座有两百尊佛像的千佛山。

摩崖造像的概况
mó yá zào xiàng de gài kuàng

什么是摩崖造像? 摩就是摩擦、磨蹭,崖即天然的石壁。摩崖造像就是在山崖上刮
mó cā mó ceng
摩或在石头上刻划出的造像。千佛山现存佛像158 尊,佛像系采用浮雕,半浮雕手法雕
fú diāo
成。佛像线条流畅,清晰自然。佛像大小不同,神态各异。高的有 3.2 米,矮的只有 32 厘米。有些佛像依稀可辨其彩绘痕迹。

千佛山佛像种类繁多,有群像、有单像、有立像、有坐像;有文静祥和的造像,也有怒目圆睁、青面獠牙的愤怒像;有单面双臂像,有多面多臂像;有佛像、菩萨像、罗汉像,也有金刚力士像、天王像等。

在千佛山山腰峭壁的巨石上,有一个高 2 米、进深 3 米人工凿成的山洞,两侧凿有 3 个佛龛,佛龛两侧"菩陀山上慈悲主,紫竹林中自在仙"的对联,字迹清晰可见,这就是观音洞。

千佛山 造像

特色摩崖造像
宗喀巴上师骑象

宗喀巴(1357—1419)是藏传佛教格鲁派的创立者、佛教理论家。在中国西藏、青海等地区的喇嘛寺院里,都有宗喀巴塑像。这尊宗喀巴造像建在千佛山北部,造像高1.3米。造像头戴高僧帽,面容微喜,身披袈裟,坐在大象背上。大象身形雄健,回首而立于祥云之中。

这尊造像的内容极其少见,在中国也难以找到相同内容的造像。因为宗喀巴上师骑象的内容完全是当时设计师根据中国的《西游记》中唐僧去西天取经,以大象载经而归的内容设计出来的。

宗喀巴上师胸怀佛首

这尊造像雕刻于千佛山造像群最中心的位置。造像高1.1米。宗喀巴上师在这里头戴高僧帽,面容微喜,坐于莲花台之上。最为特别的是,这里的宗喀巴上师胸前雕有佛头。这是佛教人物胸中怀有佛的体现,意味着宗喀巴上师"外显佛爷身,内藏菩萨心"。这种造像内容在藏传佛教雕像中举世无双。

甘露文殊菩萨像

文殊菩萨是佛教四大菩萨之一。在千佛山摩崖造像中,有一石像原本立于岩石之上,因某种因素离位跌在石像前雕凿的凹形石器上。这尊造像头戴宝冠,二目平视,双耳饰环,左手托盛满甘露的瓶子,与五台山上甘露文殊菩萨铜像完全相同。这也是中国独一无二的石雕甘露文殊菩萨像。

关圣云游千佛山

千佛山摩崖造像群中,有一尊关圣大帝,"千里走单骑"雕像,这组造像取材于中国古典名著《三国演义》。这里的关云造型是游走在祥云之上,从天而降,落于山崖上。造像高1.95米,是千佛山造像群中第二高大造像。造像头戴华冠,身穿战袍,骑在赤兔马上,威风凛凛,神气十足。

白度母传说

在千佛山摩崖造像群中,有六尊白度母造像。白度母在西藏和蒙古地区最受信徒们尊

千佛山 宗喀巴上师像

敬。蒙古族称白度母为"查干多罗","查干"就是白色的意思。传说中,白度母性格温柔善良,有聪明才智,头戴古印度贵族妇女的宝冠,薄纱遮身,双耳饰环,因为有七只眼睛,俗称七眼白度母。她能察觉世间一切事物的变化,所以人们有什么疾苦都愿意求助于白度母。而白度母因为热心助人,也被称为救度母。

相传,白度母是西藏王爷松赞干布的大妇人。她由尼泊尔的公主转生而来,容貌秀丽,乐于助人,做了很多好事,给西藏带来了佛法。

绿度母传说
lù dù mǔ chuán shuō

在千佛山摩崖造像中雕有绿度母。绿度母也是一位善良、乐于助人的佛母。传说她有帮人解脱八种苦难的法力,即狮难、象难、火难、水难、蛇难、贼难、牢狱难和非人难。所以人们称她是救八难度母。人们都认为绿度母象征唐朝的文成公主。文成公主在来到西藏之前,就听说西藏生活艰苦,于是她在出发时,请求当时的皇帝唐太宗多赐给她一些佛经和书籍。这些为西藏后来的发展做出了贡献。这也是千佛山摩崖造像中绿度母的来历。

千佛山　宗喀巴上师像

千佛山中的阿古庙
qiān fó shān zhōng de ā gǔ miào

阿古庙原名寿宁寺,始建于清朝乾隆年间。当时一位包姓蒙古贵族见这里风水好,且土壤肥沃,就举家迁于此处。以种地为主,连年五谷丰收,人丁兴旺,随即造庙宇广施善事。阿古庙是用木材与石柱建成的,建筑面积为1000余平方米,分上、下两层,下层供奉如来大佛一尊,高3米有余,另有四海观音、四大天王、十八罗汉等,都在1.5米以上。整个殿堂内外墙均系彩

千佛山　阿古庙

色图画,包罗万象,尽显佛光神韵。据说,当时阿古庙僧人多达300余名,每日香客车水马龙,川流不息。由于佛堂兴旺,包家便拨地给僧人,僧人以土地收入及香火钱维持庙宇维修和他们的衣食。

传说当阿古庙修成后,首任住持养了两条蛇,平日里很少有人见到,只能看到庙旁墙角处有一个洞,由庙里僧人每天向洞里投放食物喂养。有一天,一伙强盗的头目夜晚摸到庙宇,准备劫持人质,勒索庙内财物。当他窜到住持卧室,正准备下手时,突然感到被绳子给捆住了,并且凉气袭人,没办法只好跑了出去。但他既害怕又不甘心,就又找来两个人。当三人第二次闯进门,正想向床边扑去时,都觉得手和脚被什么东西绊了一下,扑通一声摔倒在地。他们爬起来刚想往外撤时,顿时发现门口四只闪着绿光的眼睛在盯着他们,借

着月光仔细一瞅,原来是两条见头不见尾的大蛇,直立在门口挡住了退路,这回可把他们吓坏了。此时听床上住持轻声说:"你们放下屠刀,重新做人吧!"这三个人慌忙跪倒磕头,求住持宽恕。过一会儿,三个贼人起来向后一看,方才那两条蛇居然不见了。自此以后,无论什么样的土匪,也不敢再来阿古庙山动一草一木。现如今,山上仍保留着这个洞口。

093

文化拓展

中国最早的摩崖造像

——孔望山佛教摩崖造像

在中国历史上,摩崖石刻从北朝时期开始盛行,以后一直延续到隋、唐以及宋、元、明、清及近代,具有丰富的历史文化内涵和艺术考古价值。摩崖石刻中有中国的书法作品,也有造像、石刻浮雕造像、岩画等。这些都是对当时社会各个方面的文字、图形的一种记录形式,也是研究当时社会历史、文化、艺术考古的一个重要参考资料。

孔望山有着丰富的历史文化内涵。两千五百多年前,中国历史上著名的"孔子问官"的故事就发生在这里。当年孔子曾在此山头向郯子(孔子的老师)请教官职制度方面的学问。今人为纪念他,在山顶塑起了"孔子望海"雕像。今天的孔望山北面有孔望亭,南面有望海亭;东面有龙洞和龙洞庵;中间有象石;西边的汉代摩崖造像石刻,尤为有名。

孔望摩崖造像

孔望山 孔子望海

孔望摩崖造像

孔望山 石像

孔望山佛教摩崖造像大约为公元170年东汉末年的佛教造像群,是我国迄今发现最早的一处佛教摩崖造像,现存神像约105个。整个画面长17米,高约8米。佛像大的有1.57米,小的只有十几厘米。造像以中间两个大的人物形象为中心,周围以坐像、立像等构成一幅和谐统一的画面。

094

4.3.3 海棠山壮观景秀,摩崖群轶雕奇峰
hǎi táng shān zhuàng guān jǐng xiù　mó yá qún yì diāo qí fēng

——彰武海棠山摩崖造像
zhāng wǔ hǎi táng shān mó yá zào xiàng

海棠山位于阜新市蒙古族自治县内,是东北三大名山之一医巫闾山的余脉。按习惯,海棠山应该有海棠花盛开的美景,但实际上这座山上根本没有海棠花。在蒙古语中,这座山叫亥台兀勒。"亥台"意思为矮墙或瞭望台,'兀勒'意为山。人们就根据蒙语的"亥台山"将这座山命名为"海棠山"。

建造历史
jiàn zào lì shǐ

海棠山摩崖造像镌刻于清代后期。清朝时,阜新地区是蒙族与汉族杂居地区。当时的皇帝想要通过发展喇嘛教的方式,达到从思想上控制蒙古地区的目的。因此,阜新地区喇嘛教最为盛行。

据记载,清朝康熙年间,当时非常有名的章嘉活佛带领他的弟子云游四方。他们来到海棠山,见山景秀美,于是决定在山下建一座寺庙,这就是海棠山的普安寺。公元1848年道光皇帝时期,皇帝御赐给普安寺匾额一方。到了光绪时期,普安寺请来石匠,在海棠山坚硬的花岗岩上雕刻了500余尊佛像,于是便有了鬼斧神工的海棠山摩崖造像群。
guǐ fǔ shén gōng

摩崖造像的概况
mó yá zào xiàng de gài kuàng

海棠山东西长4.8千米,南北宽3千米。摩崖造像布满南北两山坡。现在保存完好的佛像有260多尊。它们最高的有5米,最小的仅0.3米,仅3米以上的佛像就有30余尊。这些佛像有的十尊像为一组,最多一组群像达二十六尊,被称之为"集仙石"。有些造像佛龛上下还刻有藏文、满文、蒙文、梵文和汉字。这些造像从工艺、刀法、造型、彩绘等方面都堪称中国民间艺术的杰作。

海棠山摩崖造像种类繁多,从山间到山顶,到处都是千变万化的佛像。这些佛像有的面含微笑,慈眉善目;有的圆睁怒目,威风凛凛。在众多的佛像中,以释迦牟尼、观音菩萨、弥勒佛等佛像为代表。而且这些佛像往往组合在一起,而非单独出现。在这些佛像中,藏传佛教黄教创始人宗喀巴造像雕刻在一块高大凸起的岩石上,格外醒目。由于造像多数来自藏传佛教,因而海棠山又被誉为藏传佛教摩崖造像艺术名山。
yuán zhēng nù mù

特色摩崖造像
tè sè mó yá zào xiàng

海棠山摩崖造像工艺精湛,造型各异。造像的排列是因石而异,位置有序。

hǎi táng shān zuì dà zào xiàng 海棠山最大造像

　　释迦牟尼佛造像位于在山洼正中,高 5 米,是海棠山最大的摩崖造像。佛像头顶宝冠,左手持宝钵于胸前,右手伸直下垂作佛印。造像体态健美,形象丰满,鼻梁高起,细眉鼓眼。坐在巨大的莲花宝座上。神情泰然,端 duān zhuāng xián yà 庄 娴 雅。佛像头部两侧为日、月、浮云。造像形象逼真,刀法精细。

海棠山　释迦牟尼佛

hǎi táng shān zuì dà zào xiàng qún 海棠山最大造像群

　　在海棠山摩崖造像中,最大的一组造像群存有二十六尊造像,称为"集佛台"。民间也称为"聚神石"。其中一群由文殊菩萨、无量寿佛和不动金刚组成。文殊菩萨居中间,左手持经书,右手挥舞宝剑,坐在莲花座上。宝剑是智慧的象征,可以消除一切烦恼。文殊菩萨左边为不动金刚,一面两臂,右手执宝剑向上举起,以五个骷髅为冠,以智慧火焰为光。眼睛怒目圆睁,大腹袒露。文殊菩萨右边为无量寿佛,头戴宝冠,双手持宝瓶。

海棠山摩崖造像　文殊菩萨

tiān rán fó shòu jǐng guān 天然佛、寿景观

　　海棠山后身天然形成的佛、寿景观,是大自然的鬼斧神工。由三座山峰组成的卧佛,长 999 米,体态匀称,形象逼真;卧佛的躯干为裸露岩石组成的"寿"字,高 200 米,宽 100 米,线条清晰,与摩崖造像遥相呼应,为"东藏"名山涂上一层神秘色彩。

wén xǐ xiàng 闻喜像

　　闻喜像是海棠山摩崖造像中的杰作之一。"闻喜"是藏传佛教的名僧。他全发披肩,右手托腮代表对过失的反思；面带笑容代表修行的快乐；露胸、赤腿、光脚比喻苦修时抵御严寒的毅力；全身皮肤绿色，是深山苦修以野菜为食的象征。

巴亚斯古朗像

巴亚斯古朗是普安寺一世活佛。他生于公元1632年。从小认识蒙、汉两种文字，爱翻阅佛教故事书籍。相传他在40多岁的一年夏天，一边数着佛珠，一边放牛。牛吃草走远了，他放下佛珠，想把牛赶回来。刚走出去十几步远，忽听身后有响声，回头见一只大白兔叼起佛珠，钻进一个山洞里。他追赶那只白兔，也跑进山洞。洞里根本没有兔子，只有一个小石桌，上面放着一本书。他好奇地翻开书一看，是一本有关占卜、治病、坐禅修道的书。巴亚斯古朗看罢，顿悟佛道，于是终日在此坐禅修炼，并修建了普安寺。

海棠山摩崖造像　闻喜像

海棠山下的普安寺

普安寺始建于清康熙二十二年（1683年），依照西藏佛寺的形式建设。传说康熙大帝东巡时，赐给普安寺活佛一个金桌子，因此普安寺又称"金案禅洞"。此后，普安寺香火日盛。

普安寺大殿供奉大白伞盖佛母像，是一尊半愤怒女性千手千眼佛。佛像一手持一柄大白伞盖，威力巨大，能放大光明，消灾祸。这尊佛像高9.9米，是目前中国此类主供佛最大的泥塑贴金佛之一。佛像左侧是藏传佛教创始人之一宗喀巴上师，陪伴在上师右侧的是宗喀巴的弟子。

海棠山摩崖造像　巴亚斯古朗像

海棠山摩崖造像　千手千眼观音

蛤蟆石
há má shí

传说很久以前,海棠山附近地区经常遭受虫灾。有一年又遇到大旱,虫灾严重,农田收成濒危。大家正在心焦如焚之际,一位白发仙人来此,他手指青山,口念咒语。霎时间,漫山遍野成了"蛤蟆世界",只见成群结队的蛤蟆奔向田间,各个张开大嘴,将田间的害虫吃进腹中。虫灾解决了,青苗终于保住了。接着,白发仙人又吐出一口气,这仙气化成满天的乌云,顷刻间降瓢泼大雨。大雨下了几个时辰,随后旱情也解除了。仙人临行前,将山坡上一块巨石化为巨大的蛤蟆造型。这块大石头面对着田野,用来镇伏虫害。从此,海棠山一带风调雨顺、五谷丰登。

龙盘石
lóng pán shí

传说海棠山地区远古时期是一片汪洋大海。地面经过几次抬升,海水退走时,龙王的一个儿子留恋这里的美丽风光不愿随父亲离开,于是他把身体变小藏在一块巨岩缝里。玉皇大帝知道此事后,便将龙子化为这块藏头缩尾的龙盘石。

文化拓展
wén huà tuò zhǎn

中国最大的摩崖造像
zhōng guó zuì dà de mó yá zào xiàng

——乐山大佛
lè shān dà fó

乐山大佛,又名凌云大佛,位于四川省乐山市凌云寺侧。乐山大佛脚下便是大渡河、青衣江和岷江三江汇流处,是中国最大的一尊摩崖石刻造像。

乐山大佛 全景

乐山大佛始开凿于公元713年唐朝时期，完成于公元803年，历时约九十年。大佛头与山齐，足踏大江，双手抚膝 正 襟 危 坐（zhèng jīn wēi zuò），整体造型庄严，体态匀称。大佛高71米，头高14.7米，头宽10米，发髻1021个，耳长7米，鼻长5.6米，眉长5.6米，嘴巴和眼长3.3米，颈高3米，肩宽24米，手指长8.3米，从膝盖到脚背28米，脚背宽8.5米，脚面可围坐百人以上。这是中国最大的摩崖石刻造像，也是世界最大的石造佛像。

修建历史 xiū jiàn lì shǐ

据史料记载，公元713年凌云山凌云寺的海通和尚看到山脚下是泯 江（mǐn jiāng）、青 衣 江（qīng yī jiāng）、大 渡 河（dà dù hé）三江汇水的地方。这里江水湍急，经常有船只在此处遇险，而且每逢雨季此处洪水泛滥，影响当地百姓的生活。为借助佛的力量来减小水势，海通和尚就在此处募集善款，开始修建乐山大佛。

但是大佛背靠凌云山而建，建造工程浩大，仅开凿到大佛头部及胸部，海通和尚就不幸去世。工程也因此停工。十年后，海通和尚的徒弟继续修造大佛。当乐山大佛修到膝盖的时候，工程再次停工，直到四十年后，至唐德宗贞元十九年（803年），乐山大佛才宣告完工，前后历时九十余年。

设计特色 shè jì tè sè

乐山大佛设计了非常巧妙的排水系统。这套系统隐藏在佛像两耳部和头发内。其中，大佛头部的18层螺髻（luó jì）中，第4层、9层、18层各有一条横向排水沟。两耳背后，有长9.15米、宽1.26米、高3.38米的左右相通洞穴；胸部后侧两端各有一洞，右洞深16.5米、宽0.95米、高1.35米，左洞深8.1米、宽0.95米、高1.1米。这些巧妙的水沟和洞穴，组成了科学的排水、隔湿和通风系统，千百年来对保护大佛，防止侵蚀性风化，起到了重要的作用。

大佛特点 dà fó tè diǎn

乐山大佛造像与一般寺庙里的弥勒佛造像并不相同。这是因为寺庙里的弥勒佛是根据中国五代时期的一个名叫契此和尚的形象塑造而成的。契此是浙江人，他乐 善 好 施（lè shàn hào shī），能预知天气和预测人的吉凶，经常拿着一个布袋四处化缘，在逝世前他曾说"弥勒真弥勒，化身千百亿，时时示世人，世人自不识"，因而大家都认为他是弥勒佛的化身，寺庙里的弥勒佛也塑成了他的形象——一个笑 口 常 开（xiào kǒu cháng kāi）、大 肚 能 容（dà dù néng róng）的布袋和尚。

乐山大佛 近景

　　乐山大佛头上的发髻、阔大的双肩、高而长的眉毛，圆直的鼻孔都是按照佛教规定修建的，但是他的面相却具有汉族人的共同特点，体现了唐代崇尚肥胖美的时尚。乐山大佛坐立的姿式是双脚自然下垂。因为大佛是修来镇水的，这种平稳、安定的坐式可以带给行船的人战胜激流险滩的信心和决心。

非物质文化遗产

Intangible Cultural Heritage

文化遗产

下篇

102

Mín jiān wǔ dǎo
1.民间舞蹈

民间舞蹈是诸多舞蹈艺术形式的来源。它诞生于人们日常生活和劳作过程中,直接表达着人们最真实、最淳朴的情感,具有鲜明的人文风俗、浓厚的地方特色和独特的舞蹈风格,是舞蹈家族中最古老的"活化石"。

辽宁是多数民族共同生活的地区,文化资源极为丰富,各民族丰富多彩的民间舞蹈形式,形成了别具特色的民族风情,留下了大量的民间文化遗产。如我们最熟悉的秧歌、农乐舞、龙舞等。

Yāng ge
1.1 秧 歌

秧歌起源于我国北方人们插秧耕田的劳动生活,又和祭 祀 农神、祈求丰收、祈福 禳 ^{jì sì} ^{qí fú ráng} 灾有关,并在发展过程中不断吸收农歌、菱 歌、民间武术、杂技及戏曲的技艺与形式。辽宁地区人们扭秧歌的历史久远,从辽阳出图的壁 画 来看,秧歌的产生可以追溯到汉代,秧歌是城乡祭祀、节庆活动的主要内容。辽宁秧歌产生初期内容和形式都比较单一,是一种群众聚在一起"舞 毕 乃 歌,歌 毕 乃 舞"以走阵的形式进行的舞蹈表演。后来,辽宁的秧歌受到满族文化和中原文化的影响,又和高跷、满族传统舞蹈与生活习俗结合在一起,形成了高跷秧歌、地秧歌、寸跷秧歌等多种丰富的形式。

gāo qiāo yāng ge
高 跷 秧 歌

高跷秧歌是古代踏跷、跷 伎 经过长期演变,于明末清初与秧歌结合形成的。它是在舞蹈者的腿上绑上长木跷进行表演的一种秧歌形式。由于演员踩跷的时候比一般人高,所以它更便于人们远处观赏,而且流动方便不受舞台约束,因而备受人们的喜爱。在高跷秧歌里,最高的跷2米,没有基础的人很难控制好它的重心,所以高跷秧歌对技术的要求是非常高的。

高跷秧歌

高跷秧歌的跷腿又高又有弹性,因此在表演时表演者一定要使手臂持续的上下摇摆,这样才能使姿势动作看起来更加美观,这也造就了高跷秧歌的表演者扭中带美、美中带浪、浪中带俏的特点,展现出了生活在白山黑水的辽宁人民洒脱、豪放的性格特征。高跷秧歌的动作标准,没有难度特别大的动作,踩高跷的技巧也比较容易掌握,男女均可,并且对外貌、身材等方面都没有很严格的要求,因此适合各个年龄段的群众。

辽宁高跷秧歌表演时所用的服装也完全依照传统服饰的特色,表演者佩戴的头饰也延续了最初的"花山"形象。扇子、手帕等多种多样的手中道具也为高跷秧歌的表演锦上添花。在裤装上,表演者一般会穿上一条长裤子遮挡住高跷,为防止木跷露出来影响美观。辽宁高跷秧歌有自身的一套表演模式,表演时队形变化多端却又不失整齐,在表演的同时依照服饰的特点摆出各种奇异的造型,整套表演看似豪放粗犷,实则又不乏细腻婉约。

辽宁的高跷秧歌有"铜锣高跷"和"戏出高跷"两个主要品种,铜锣高跷大概明末清初
dié luó hàn
传入到辽宁,通常在最后都有一组"叠罗汉"的造型。戏出高跷是铜锣高跷与民间戏曲的结合体,以"辽南高跷"和"辽西高跷"两个分支最具代表性。

辽南高跷开放、热烈、红火。服饰多为戏曲人物的衣着,但表演的农民按照自己熟悉的生活,塑造了农村的人物形象,表演以双人对舞为主;辽西高跷"扮戏不演戏"则以集体的大场为主,舞队人数从数十人到上百人不等,乐队伴奏以大鼓和唢呐为主,跷高一般在90厘米以上,有时可以达到240厘米。

dì yāng ge
地秧歌

地秧歌,是东北最传统的秧歌。是清初在抚顺地区形成一种具有浓厚民族特色和地
dá zi
域特色的民间舞蹈形式,又称"太平歌",俗称"鞑子秧歌"。最具代表性的人物是旗装打扮的"鞑子官"和头上戴着毡帽,身上穿着皮袄,斜挎串铃,手持长鞭,佩戴各种生活和狩猎器具的"克里吐"。其表演动作多源自骑马、射箭、战斗之类满族最原始状态的生产、渔猎和
sà mǎn
八旗战斗生活,也有的系模仿鹰、虎、熊等动物的动作,伴奏音乐是在满族萨满跳神的打击乐形式上发展形成的,与汉族秧歌有较大的区别。

旧时,秧歌舞队集中后首先去"拜庙",即到村内大、小庙宇参拜。遇大庙,舞队进入庙内表演;遇小庙,则在庙前表演。如果遇到外村秧歌舞队来本村表演,鞑子官要立即率队出村,在村口一字排开迎接客人,献上满族的最高礼节"抱腰礼"。然后,主队排成"狮子大开口"表示欢迎,客队则排成"一字长蛇阵"接"小龙摆尾"进入村里。后来,拜庙习俗逐渐消失,秧歌队一般只在指定的宽敞平坦场地汇集演出。由鞑子官在前面引导带路,男左女右排成两行,拉棍的跟随其后,其他角色穿行其间。

地秧歌的"走阵"多达三十多种,主要的有:六合阵、八卦阵、十字阵、蛇脱皮、八面阵等,通常每场只表演三四种。表演者在打击乐器的伴奏下,手拿扇子,脚下步法多以十字步为主,再

地秧歌

配合腰、肩、头、胯等部位。下蹲、屈膝的幅度大,两手在前摆来摆去,好像是在骑马,其实是在走阵,阵式进退有序,具有较强的征战杀敌的气氛。

作为满族文化传统的遗存,满族地秧歌是东北最常见的秧歌表演形式,老少皆宜且不受场地限制,表演者可以随性起舞,所以受到很多人的追捧。

cùn qiāo yāng ge
寸跷秧歌

寸跷秧歌是一种介于高跷和地跷之间的秧歌形式。寸跷又称"低跷"或"矮跷"。寸跷秧歌曾盛行于清朝前期,它最突出的特点就是在半尺高的"寸跷"上制作一双穿着绿鞋的"小脚",长长的旗袍罩住脚面,却露出了一对"小脚"在扭动,令人忍俊不禁。

相传,努尔哈赤称汗后,打了胜仗或者逢年过节,就要喝酒跳舞。鼓乐一响,掌管祭祀的首领便要率领众人跳空齐舞,后来由于空齐舞不断吸收其他民族舞蹈,逐渐形成了具有满族特色的秧歌——太平歌。但因"太平歌"讲究"高"和"稳",舞蹈动作受到了限制,变化少、动作简单。后来,太平歌的表演者受到地跷和矮跷表演技艺的启发,在满族妇女木底高跟鞋的基础上仿制了寸跷,从而形成了"寸跷秧歌"。

寸跷秧歌

"寸跷秧歌"中的八旗旗标,拉花服饰,表演时的礼节,表演中的亮相、动律都具有浓郁的满族人们渔猎和社会活动特色。当然,秧歌中也少不了老百姓喜爱的《白蛇传》《西游记》等民间故事和传说中的人物。如同其他秧歌一样,"寸跷秧歌"也采用载歌载舞的形式,但是多了艺人的地方小唱,只是这种形式早年比较普遍,现在已不多见。

Nóng lè wǔ
1.2 农 乐 舞

农乐舞作为朝鲜族农耕文明的产物,具有悠久的历史和丰富的传承,它始终贯穿于朝鲜族各种传统民俗活动之中,它反映并代表着朝鲜族的传统文化根基。

朝鲜族是一个能歌善舞的民族,舞蹈几乎都伴随着生产、生活的各个方面。他们在田
suǒ nà
间劳作时,习惯随身带着"长鼓"和"唢呐",一是为了保护丰收的农作物不受野猪和鸟类的侵袭,人们在田间地头敲锣打鼓,边喊边舞。二是为了在劳作空闲时自娱自乐,敲长鼓,吹唢呐,伴着节奏明快的鼓乐声即兴起舞,消去一身的疲劳。随着时间的推移,这种即兴舞蹈慢慢地变成了娱乐性极强的朝鲜族民间舞蹈。它把音乐、舞蹈和演唱融为一体,舞姿活泼优雅,节奏舒畅欢快,这就是"农乐舞"。

后来,朝鲜族"农乐舞"逐渐发展成为人们祈盼农业丰收而举行的庆典。表演一般选择在田边或者广场上举行。舞队一般由二十多人组成,由小锣、大锣、长鼓、发鼓、唢呐等朝鲜传统

农乐舞

乐器伴奏，队前由手持"农旗"的人做引导，后面跟着舞蹈表演队伍，其中手持小锣的人指挥大家起舞，队形多变，时而列队成圈，时而四周分散。在表演中，舞者因性别不同所表现的舞蹈动作也有明显区别：男子表演以群舞为主，在欢腾热烈的鼓声中奔跑、跳跃，充分展

示男子的阳刚之气；而身挎"扁 鼓biǎn gǔ"的女子独舞，不但要表现出多样而娴熟的击鼓技巧，还

要在"扁鼓"频频发出的顿挫有节、急缓交错的节奏下，舞出朝鲜女性刚柔并济、潇洒遒劲的舞姿。"长鼓舞"结束之后，便开始进行"扇舞"和"鹤舞"，表现人们祈求未来安宁与吉祥的美好愿望。"农乐舞"最后压轴的舞蹈是"象 帽xiàng mào

舞wǔ"，它是由身着彩服、头戴彩带圆帽的男子表演，其间甩动 20 米长的彩带，线条流畅的长长飘带随风旋转，在舞者周围划出光辉耀眼的美丽彩环。

象帽舞

这就是延续至今的朝鲜族"农乐舞"。舞姿活泼优雅，节奏舒畅欢快，充分显示出朝鲜族人民群众在劳动和生活中的喜悦之情以及活泼大方的民族气质，是朝鲜族人民在长期的劳动和生活过程中创造出来的宝贵文化，为中华民族文化多样性填写了浓重一笔。

1.3 龙舞Lóng wǔ

舞龙文化最早源于祈龙求雨。关于舞龙的来历，民间还流传着这样一个传说：一天，龙王腰痛难忍，龙宫中的所有药物都试过了，仍不见效。他只好变成一个老头儿来到人间求医。大夫给龙王摸过脉后觉得非常奇怪，问道："你不是人吧？"龙王看瞒不过去，只好说出实情。于是大夫让他变回原形，从他腰间的鳞甲中捉出一条蜈蚣。经过拔毒、敷药，龙王完全康复了。为了答谢大夫的治疗之恩，龙王对大夫说："只要照我的样子扎龙舞耍，就

能风 调 雨 顺fēng tiáo yǔ shùn，五谷丰登wǔ gǔ fēng dēng。"这件事传出后，人们每逢干旱便舞龙祈雨，一直流传到现在。虽然传说是虚构的，但它代表了民众对于舞龙的解释，真实地反映了老百姓舞龙求雨的信念。到了汉代，舞龙成为一种大型的娱乐欢庆节目，到唐宋时期已成为一种常见的节

张氏皇苑龙舞龙技艺

日欢庆习俗，宋代已经有了成熟的耍龙灯活动，此后舞龙活动传承不衰，种类技法渐呈繁复高超，在节庆、贺喜、祝福、驱邪、祭神、庙会等期间，都有舞"龙"的习俗。

舞龙是一种大型的团体活动，舞龙者在龙珠的引导下，手举长龙，随鼓乐伴奏，通过一群人的动作配合来完成龙的游、穿、腾、跃、翻、滚、戏、缠等造型和套路。舞龙于明末清初传至东北，居住在沈阳大古城村的张氏家族祖辈以舞龙为生。他们依照北方人的审美习惯与习俗，

在继承原有风格的基础上,其表演形式和制作特点结合北方人的生活特点加以创新,形成
了具有北方特色的舞龙。"皇苑张氏龙"也叫张氏懒火龙,至今已有三百多年的历
史,因张氏家族专门在皇家宫苑表演舞龙,因而称其为"皇苑龙"。"皇苑张氏龙"龙体长约
24 米,需要 9 名、11 名或 13 名东北大汉协作表演。其"龙体长、龙神粗、龙态憨、懒中带
壮";龙骨由东北高粱秆圈改为竹圈,龙眼由烛台改为灯泡,使得龙体通明;表演技法
也明显不同于南方,"皇苑张氏龙"目前共有 26 种表演套路,由于表演技巧丰富,并且龙体
庞大,舞动起来气势恢宏,绚丽多姿,体现了大气的皇家风范。

2. 传 统 戏 剧
Chuán tǒng xì jù

中国是一个戏曲文化大国,据统计,全国共有戏曲 300 余种,几乎在每个省份或地区都有自己的地方戏曲艺术形式,如河南豫剧、河北梆子、山东吕剧、山西晋剧、广东粤剧、福建闽剧、浙江越剧等。辽宁地区文化悠久,多民族长期生活在关东大地上,他们创造了流派纷呈的戏剧形式,其中辽宁评剧、皮影戏、海城喇叭戏、阜新蒙古剧以其独特的风格在全国产生广泛的影响。

2.1 辽 宁 评 剧
Liáo níng píng jù

评剧是流传于我国北方的一个戏曲剧种,最早起源于河北东部的莲 花 落 子 (*lián huā lào zi*)。清宣统元年(1909 年),评剧 奠 基 人 (*diàn jī rén*)成兆才组织改良荒诞低俗的莲花落子,在唐山成立了"庆春班",并将莲花落子改名为"平 腔 梆 子 戏 (*píng qiāng bāng zi xì*)"到唐山各地巡回演出,使穷人乞讨时创造的口头说唱艺术也登上了大雅之堂 (*dà yǎ zhī táng*)。经过不断的改良,平腔梆子戏开始有了自己的剧本、独特的唱腔板式和表演形式。平腔梆子戏开始在唐山站稳了脚跟,后被人们称作"唐山落子",逐渐发展成为一个新兴的地方戏种。1918 年,成兆才在原"庆春班"的基础上创建了"警世戏社",意在以"评 古 论 今 (*píng gǔ lùn jīn*),警 化 世 人 (*jǐng huà shì rén*)"为宗旨。

奉天落子

它以崭新的内容和形式吸引了大批观众,很快被邀请到全国各地去演出。1919 年,警世戏社被邀请到营口、长春、哈尔滨等地,后又被张作霖邀请到奉天(沈阳)参加赈灾义演,同京剧名家梅兰芳、程砚秋同台献艺,获得东北社会各界的欢迎和认可。

1923 年前后,唐山落子发展到东北各地,借鉴和融合了东北小调、东北民歌等民间说唱艺术,在与关外民众的语言、习俗相融合的基础上,形成了以沈阳活动为中心,以女旦为代表,以真嗓发音为标志,以粗犷豪放风格为主要特征的"奉天落子"。奉天落子的表演通俗易懂,展现了东北的风俗,更贴近东北老百姓的生活。1929 年初,沈阳的《新民晚报》称这种艺术形式为"评剧",从此,评剧之名得到社会承认。

1959 年,沈阳评剧院成立了,韩少云、花淑兰、筱俊亭先后应邀担任沈阳评剧团的主要演员。她们以其各具特色的艺术风格被誉为"韩、花、筱"三大评剧艺术流派,占据了全国评剧六大流派中一半的席位,其评剧艺术影响力遍及全国。

韩少云

"韩派"评剧创始人。1950年加入沈阳评剧团，以朴实、深邃、细腻、优美、大方的表演风格著称。

1952年，她在评剧《小女婿》里饰演"杨香草"深入人心，获得全国第一届戏曲观摩演出一等奖。此后，《小女婿》相继到武汉、上海、天津、福建、山东等地巡回演出，在全国引起很大轰动，仅韩少云就演出了上千场。

韩少云擅长闺门旦和花旦，代表作有《凤还巢》、《黛玉葬花》等。她唱腔"字清、腔顿、板正"，表演典雅庄重，一派大家风范。她在六十余年的舞台生涯里，共

韩少云

演出了二百多出剧目，塑造了上百个人物，个个深入人心，特别是在其代表作《小女婿》《人面桃花》中的表演，把人物刻画得入木三分，一曲《小河流水》更是成为评剧名段，家喻户晓，人人学唱。

花淑兰

花淑兰

"花派"评剧创始人。花淑兰音域宽广、声音纯净、嗓音甜脆，在唱腔上博采众长，兼容并蓄。一面继承评剧前辈的传统艺术；另一方面，广泛吸取京剧、梆子、大鼓等剧种、曲种的艺术特色，进行发展和创新，创造出"高遏行云，低逐流水"的花派唱腔。她表演细腻传神，善于刻画和塑造各类角色。在她六十多年的艺术生涯中，共演出了二百多出剧目。《茶瓶计》中的春红，《牧羊圈》中的赵锦堂，《谢瑶环》中的谢瑶环，《霓虹灯下的哨兵》中的春妮都深受观众喜爱。

人们赞誉花淑兰的演唱有"三高"即："弦高、腔高、音高"。她善于演唱高亢向上的旋律，喜用有弹性的疙瘩腔，享有"金嗓""戏曲的美声""花腔女高音"的美誉。

筱俊亭

"筱派"评剧创始人。筱俊亭的嗓音粗犷豪爽，低回浑厚，柔刚相济，韵味浓郁。她在吸收前人艺术营养的基础上大胆改革创新，她在评剧旦角唱腔的基础上，改变润腔方法，拓宽评剧声腔的表现力，创造出庄重沉稳、开阔大方、风格独具的老旦唱腔。同时摸索出一整套老旦表演模式，创立了评剧领域前所未有的"老旦行当"，被誉为"中国评剧老旦第一人"。

筱俊亭

她还与琴师合作,创造了"哭调""反调尖板""反调回龙""反调二六""慢中板"等板式,丰富了评剧的板式种类。多年的演艺生涯中,筱俊亭塑造了众多血肉丰满、栩栩如生的艺术形象,她饰演的《打金枝》中的沈后、《杨八姐游春》中的佘太君、《对花枪》中的姜桂芝、《小院风波》中的钱奶奶等,给广大评剧爱好者留下深刻印象。

109

2.2 皮影戏
<small>Pí yǐng xì</small>

东北皮影艺术起源于辽金,兴盛于清代。随着中原文化的不断传入,皮影艺术开始长期盛行于关东大地,产生了适应当地环境和民众欣赏口味的地方性色彩浓重的皮影艺术。辽宁的皮影戏主要是在河北皮影戏、陕西皮影戏的基础上,与当地的方言、习俗融合,形成的具有辽宁地域风格的皮影戏。辽宁皮影戏主要分为辽南皮影戏、辽东皮影戏、辽西皮影戏和辽北皮影戏几个支系。其中,辽南皮影戏影响最大。

皮影

辽南皮影戏在辽宁最盛行的时候是清末、民国年间。那时候几乎每个县城都有自己的影戏班,其中盖州曾经一度成为辽宁皮影戏的中心。辽南皮影戏以它独特的表演风格和民俗韵味深受广大群众的喜爱。

辽南影人是用驴皮制作的,所以又叫"驴皮影"。选料非常讲究,必须选用驴前身部位的皮,因为那里的皮薄,柔韧性好。用驴皮制作出来的影人相对较小,约八九寸。雕 镂工艺刀法多变,以线刻见长,线条精细流畅,造型略显夸张。
<small>diāo lòu</small>

头茬是皮影戏的核心部分。辽南皮影的一个普通的影班至少要有五六百个头 茬,规模较大的影班要有近千个头茬,否则就不能满足演出的实际需要。辽南皮影的头茬是由脸谱和头盔两个部分组成的。所谓脸谱,是指影人的五官、毛发、肤色、胡须,用来表现影戏中人物的性格、年龄等基本特征。所谓头盔,是指影人头上戴的帽子及各种饰物。用来表现影戏人物的地位、职业、性别等身份特征。观众可以按脸谱和帽子的形象变化,辨别剧中人物的忠良善恶和身份地位。
<small>tóu chá</small>

辽南皮影的头茬

皮影戏艺人在表演时，需要在观众前面立一块白色台布，由三到五个艺人在台布后面操纵皮影，再用灯泡或白炽灯发出的光照在紧贴台布的皮影和场景上，配以锣鼓弦乐和词调，这样就能达到演出的效果了。

皮影戏的角色分为：生 、旦 、净 、髯 、
<ruby>生<rt>shēng</rt></ruby> <ruby>旦<rt>dàn</rt></ruby> <ruby>净<rt>jìng</rt></ruby> <ruby>髯<rt>rán</rt></ruby>
丑 五种，五种角色形态不同，唱腔也不同。每
<ruby>丑<rt>chǒu</rt></ruby>
个影戏班一般由七至九人组成，他们都是农民出身的艺人。演出的剧目大多是神话及历史故事，经常上演的有《杨家将》《大隋唐》《封神榜》《群仙阵》等四五十个剧目。一部连台本戏(一部书的整本大戏)，最长能演半个月。

清朝嘉庆年间是辽南皮影活跃盛行的时期，影戏班达到一百二十多个。20世纪50年代初，仍有四十多个影戏班在民间活动。德胜班、义和班都是有上百年传统的影戏班。他们常年在农村和海边为农民、渔民演出，一晚上唱两三本戏，常常通宵达旦。逢年过节、婚嫁祝寿、祈福拜神，影戏班也常被请去演出。现在德胜班、义和班的皮影戏艺人大多在六十岁以上，个个技艺高超，仍活跃在皮影戏的舞台上。

辽南皮影戏以其悠久的历史积淀、优质的音乐设计、独特的制作工艺、丰富的剧目内容、浓郁的乡土气息、精湛的表演手法，深深地扎根在了辽南这片热土里，成为了老百姓喜闻乐见的精神食粮和农闲时休闲娱乐的主要活动。由于当时下层人民群众知识文化水平低下，接受教育的渠道相对狭窄，在这种情况下人们也通过观看皮影戏的演出内容，学到了一定的历史和文化知识。因此，皮影戏也真正起到了寓教于乐的积极作用。

2.3 海 城 喇 叭 戏
<ruby>海<rt>Hǎi</rt></ruby> <ruby>城<rt>chéng</rt></ruby> <ruby>喇<rt>lǎ</rt></ruby> <ruby>叭<rt>ba</rt></ruby> <ruby>戏<rt>xì</rt></ruby>

喇叭戏是最早形成于海城牛庄一带的地方戏种，是以当地民歌为基础，吸取江西弋
<ruby>弋<rt>yì</rt></ruby>
阳 腔 、山东柳 腔 、河北的喇叭牌子等外来
<ruby>阳腔<rt>yáng qiāng</rt></ruby> <ruby>柳腔<rt>liǔ qiāng</rt></ruby> <ruby>喇叭牌子<rt>lǎ ba pái zi</rt></ruby>
声腔，形成了诸腔杂陈的民间喇叭戏声腔体系。早期的喇叭戏艺人多半是贫苦农民，所以因受条件限制，仅头戴一顶圆毡帽，身穿一件大布衫，再系上一条腰带来扮演戏中的各种人物，因此又称"大布衫子"戏。由于它的主要伴奏乐器是唢呐，唢呐在当地俗名为"喇叭"，故又称为"喇叭戏"。

清初，随着牛庄地区商业的繁荣，当地戏曲活

海城喇叭戏

动也兴盛起来。从山西、山东、河北等地来的商贾把这些地区的戏曲也带到了海城牛庄地区。海城牛庄的几处戏台经常演戏,人们也喜欢看戏。海城喇叭戏就是在这种环境下逐渐成长起来的。

清嘉庆、道光年间,海城喇叭戏在剧目、声腔、表演等方面已经具备了一定的体系。尤其在高跷兴起之后,海城喇叭戏艺人与高跷艺人经常同台演出,形成了"跷戏结合"的独特艺术表演形式。两种不同的艺术相互借鉴、融合。海城喇叭戏以情节的故事性和人物的形象性,优美动听的音乐唱腔,丰富了高跷的演出内容,使高跷更具有吸引力;而高跷的娱乐性、灵活性、流动性,也丰富了喇叭戏的形式,推动了海城喇叭戏的发展,使海城喇叭戏成为民间广为流传的小戏剧种。

在"跷戏结合"之后,喇叭戏艺人们除了必备唱、念、打、坐四种表演功夫和口、手、眼、身、步五种基本技能外,还要练习跷功、手绢功、扇子功和亮相等技能。因为这种动作性、节奏极强的表演方式,一举一动都受锣鼓的牵制。因此,这也成为喇叭戏艺人要练就的一种特殊功力。

海城喇叭戏从行当上,只分生、旦、丑三行,以"三小"(小生、小旦、小丑)戏为主。三小戏多反映底层劳动人民的生活。其情节简单、语言朴实,有不少即兴的表演和说口。不但把很多民间的笑话搬到戏里来,也常把生活中发生的趣事儿搬到舞台上。这使得海城喇叭戏这种娱乐性很强的民间艺术,更能迎合广大农民的审美心理。另外,有些老艺人表演的绝活"活　帽　盔"（huó mào kuī）"吃　拳　头"（chī quán tou）"顶　灯"（dǐng dēng）等,也以其幽默风格及喜剧化表演深受老百姓的喜爱。因此,海城喇叭戏不仅仅是一种戏曲艺术,还是一段地区发展史的浓缩和一个时代有关民众生活状态的记录。

2.4　阜新蒙古剧（Fù xīn měng gǔ jù）

蒙古剧是在阜新地区广泛流行的蒙古族短调叙事体民歌的基础上形成的,是新兴的少数民族地方剧种。它的产生应追溯到 1948 年,泡子乡私塾（sī shú）先生安瑞超用蒙古族民歌《明月》的曲调编写了《慰问军属》,以表演唱的形式慰问解放军,演员分别扮演了老贫协、青年妇女、军属大娘等角色,在叙事民歌向戏曲衍化方面做了初步的尝试。1983 年冬,"阜新蒙古剧"被国家文化部认定为"第九个少数民族剧种"。阜新蒙古剧得到了国家承认,不仅填补了蒙古族戏曲空白,而且也丰富了祖国的戏曲艺术。

蒙古剧产生于阜新蒙古族自治县并非偶然,阜新也叫蒙古贞,是个历史悠久的蒙古部落,史书上记载着它 1200 多年的历史。蒙古贞原来活跃在阴山、黄河之间,在后元时期迁移到呼和浩特以西的地区。1635 年,蒙古贞部落的大部分迁到了阜新这个地方。阜新北接内蒙古辽阔草原,南接经济较为发达的渤海湾。在人口分布上,是以蒙古族为主的杂散居地区。广大蒙古族群众既能熟练运用自己民族的语言,又能用汉语精确表达思想,居住在此的少部分汉族人也会说蒙古话。这一特殊的政治、经济和人文环境,使蒙古族人口迅速发展,经济文化发展水平也自然高出其他诸部落,从而形成了具有独特风格和地域特色的蒙古族艺术。

丰富多彩的民间音乐、舞蹈是蒙古剧的基础。佛教文化的渗透、熏染和传播对蒙古剧

的产生也起了很大作用。据不完全统计,在清
朝中期这里曾有大、中、小庙三百六十座,喇嘛(lǎ ma)
人数不下三万人,占蒙古族总人口的四分之一。
当时一家有兄弟三人,就得有两个当喇嘛,兄弟
四人得有三人当喇嘛。但也由于寺庙的增多,
喇嘛数量增加,寺庙音乐、舞蹈不断丰富起来。
著名的查玛舞(chá mǎ wǔ)、安代舞(ān dài wǔ)等舞蹈经常在庙台上
演出,不断地影响着民间的音乐、舞蹈。如安代
舞曲《章思来》《宝斯嘎乎》就被移植到民间舞曲中。寺庙文学创作者和译作者也不断涌
现,《兴唐五卷》全书、《三国演义》的译著均出自喇嘛之手。此外,该地区的民歌(mín gē)、书曲(shū qǔ)、
笑料(xiào liào)、好来宝(hǎo lái bǎo)等民间文艺也极其丰富,这个地区三人中必有两个歌手,剩下一个还能
说书。人们喜欢把周围发生的事情用叙事体民歌的形式演唱出来,自编自唱的民歌故事
情节特别吸引人。蒙古贞人民通过这种方法缅怀过去,记载历史,同时也为蒙古剧的形成
奠定了基础。蒙古民歌中的假扮夫妻,对话、对唱正是蒙古剧的雏形。现在的蒙古剧诸多
曲调、情节绝大多数带有浓厚的蒙古民歌痕迹,只不过作为戏剧,其情节更集中、完整、曲
折、引人入胜,人物形象更典型、鲜明。

蒙古剧《乌银其其格》

阜新蒙古剧剧目较多,取材广泛,有根据蒙
古族叙事民歌改编而成的《花儿》《嘎达梅林》
《乌银其其格》;有根据蒙古族民间故事、古典名
著和现代文学作品改编而成《参姑娘》、《牡丹仙
子》、《王子争亲》;也根据现实生活创作而成的
《第一个春天》《羊山打虎》《一筐葡萄》;还有把
其他汉语剧种的剧本翻译成蒙语移植过来,如
《爱社如家》《白毛女》等剧目。这些剧目以蒙古
民歌的曲子为基调,演员稍作装饰即行演出,在
表演过程中,再加上对话、对唱和舞蹈动作,演
出形式别具一格,亲切感人,深受人们的喜爱。

任何一种艺术形式在某种程度上都是特定情感的抒发。对于大多数蒙古族群众来
说,是富饶的草原养育了他们,他们对草原和畜群有着深厚的感情。他们在艺术创作上尽
情地抒发着自己对草原、对畜群、对生活的热爱之情,对美好生活和忠贞爱情的向往之情。
因此,以歌舞剧为基本表演形式的蒙古剧,表演者在舞台上边歌边舞边对白。这种形式,
蒙古族群众易于接受,并广为传播。在蒙古剧形成的漫长年月里,剧中人物的演者多是农
民、教师或蒙古族民间戏曲艺人。蒙古剧的创作者把蒙古族民间的各种生活现象提炼成
生动、活泼的戏剧情节,以诙谐、幽默、欢快的艺术手段再现给广大观众,使观众在精神上
得到美感满足和心理上的愉悦。

Mín jiān qǔ yì
3. 民间曲艺

曲艺是以口头语言进行"说唱"的艺术形式,历史悠久,品类繁多,反映了平凡老百姓的精神世界,也体现了各个民族人民的人生观和审美观。辽宁的曲艺文化资源十分丰富,其中东北大鼓、评书、二人转是最具代表性的。

Dōng běi dà gǔ
3.1 东北大鼓

东北大鼓原名奉天大鼓,也称辽宁大鼓。关于它的起源有两种说法:一种说法是乾隆年间一个叫黄辅臣的弦子书(*xián zi shū*)艺人到沈阳献艺,在吸收了东北民歌、东北小调的基础上,演化而成的一种新的艺术形式。一个人打板击鼓演唱,另一个人弹三弦伴奏,一部书少则说三五天,多则说十天半月。还一种说法是东北大鼓起源于辽西农村,当时的农民买来一些鼓词小唱本,在农闲时有人照着唱本用当地的土调哼唱。那时候没有收音机,没有电视机,男女老少坐在一起,听人来唱"唱本"也是一种娱乐形式。当时只要是念过一两年书的人就能顺着唱词的韵律往下唱,有不认识的生字也能顺下来,因此唱"唱本"还能多认识一些字。后来出现了专门唱"唱本"的民间艺人,农闲时走乡串户,手操三弦,自弹自唱,老百姓都叫它"屯大鼓"(*tún dà gǔ*)。

东北大鼓传承人霍大顺

有一些农村的盲人常以此为生,有时还替人算命、批八字。一般是正月里以算命为主,平时则走乡串户赶庙会,谁家办喜事、寿宴也请艺人去说书唱曲,叫"说乐书"。如果某个地方久旱无雨,老百姓许愿希望天降大雨,也请说书的艺人去说一段,叫"说愿书"。有些艺人出名了,就开始往城市跑。大约在道光、咸丰年间,在奉天(沈阳)已经有鼓书艺人或摆摊或走乡串巷去献艺。

这两种说法各有各的依据,但是不管东北大鼓的起源是什么,这个曲种一经问世,就

霍树棠在表演东北大鼓

以其浓郁的生活气息、鲜明的地方特色以及行云流水般的唱腔在东北地区广泛流传起来。到了嘉庆、道光年间,奉天大鼓改称为东北大鼓。20世纪30年代,东北大鼓发展到了鼎盛时期,在沈阳的各茶楼、北市场、小河沿等地,到处都能听到东北大鼓。

东北大鼓主要由文学(故事)、音乐(唱腔)、表演三大部分组成。文学是它的内容,音乐是它的形式,表演是它的手段。因此,观众在欣赏

东北大鼓时,既能听到情节曲折、催人泪下的故事,又能品味曲调优美、富于变化的唱腔,更能看到惟 妙 惟 肖 的表演。东北大鼓的传统曲目有二百段,现存一百五十段,可分为
子弟书 段 、三国 段 、草 段 三类。子弟书段大多取材于明清小说和流行戏曲,唱词华丽文雅,富有内涵,受到文人雅士的推崇;三国段则是关于刘备、诸葛亮、关羽、张飞等三国风云人物的曲目,老百姓耳熟能详。草段是民间艺人自己编演的唱词,情节曲折,通俗易懂,题材广泛,深受下层劳动人民的喜爱。

清光绪三十三年(1907年)清政府将原先东北的盛京特别行政区划分为奉天(辽宁)、吉林、黑龙江三个行省。刚刚创办了一年多的《盛京时报》把在奉天形成的地方大鼓取名为"奉天大鼓"。奉天大鼓原先在奉天省内有三大派,传到吉林、黑龙江之后,逐渐发展成了风格各异的五大流派。即:以沈阳为中心的"奉派";以营口为中心的"南城调";以锦州为中心的"西城调";以吉林为中心的"东城调";以哈尔滨为中心的流传于松花江以北地区的"江北派"。清末以来,也有少数艺人到过北京、天津、河北、内蒙古等地献艺收徒。

东北大鼓的流传多是以师授徒,口口相传为主,清末的名艺人有沈阳的车德宝、营口的梁福吉等。民国年间是东北大鼓的黄金时代,仅沈阳就有上百个东北大鼓的艺人,最著名的有霍树棠、刘问霞、朱玺珍等。据说当年从张作霖、张学良父子到文人雅士及普通老百姓,都特别喜爱东北大鼓,甚至人人都会唱上几句。

3.2 评书
Píng shū

评书大约形成于清代初期,是以口头讲说为主要表演手段的曲艺形式。我们许多评书艺人多为"唱曲"转行,包括许多现代评书表演艺术家原来也多是"东北大鼓"的出身。评书的表演形式,早期为一人坐于桌子后面,以折扇和醒 木 为道具,身穿传统长衫进行说讲表演。发展到20世纪中叶,评书艺人的表演形式开始逐步变得自由和多样化了。许多说书人开始站着说讲,衣着也不再局限于长衫,在讲说的过程中开始伴有了形象的动作辅助。

评书

评书是流行于中国北方的艺术形式,所以评书艺人使用普通话说讲。所讲评书多为长篇大书,内容多为历史朝代更迭或英雄侠义故事。后来到了20世纪中叶,也有篇幅较短的中篇书和适于晚会演出的短片书,但长篇大书仍为其主流。评书的表演者需要具备多方面的素养,曾有一首《西江月》词描述过说书的艰难:"世间生意甚多,唯有说书难习。评叙说表非容易,千言万语须记。一要声音洪亮,二要顿挫迟疾。装文装武我自己,好似一台大戏。"

评书从形成到20世纪80年代,在中国北方流行了三百多年。虽然近年来由于多种艺术形式的冲击和人们审美趣味的转变,评书的市场有所萎缩,但是这一古老的艺术形式仍

有着鲜活的生命力。据历史考证,评书不是辽宁独有,辽宁也不是评书艺术的发源地,但是在辽宁这块土地上却造就出一大批卓有成就的评书大师,其中袁阔成、田连元、刘兰芳、单田芳被称为"中国当代四大评书表演艺术家"。他们博采众长,形成了脍炙人口的"辽派"风格。

袁 阔 成
yuán kuò chéng

袁阔成出身评书世家,他八岁学艺,十四岁登台,十八岁出师,以短打书《十二金钱镖》《施公案》成名。他迎合不同时期观众不断变化的审美需求,在书目的整理、选择及表演上不断创新。他播讲的《三国演义》,用现代观点去审视历史,每讲一个经典故事,都适当加入自己的看法和评论,把老百姓熟悉的日常生活放在评书里,因此 20 世纪 80 年代,评书《三国演义》吸引了大批观众,风 靡 一 时,袁阔成也从此家喻户晓。
fēng mí yì shí

袁先生擅长的评书书目有《三国演义》《封神榜》《水浒》《西楚霸王》《碧眼金蟾》等。他的评书博采话剧、电影、戏曲以及相声等艺术之长,形成自己的独特风格,以形传神,具有"漂 、俏 、帅 、脆"的特点。袁阔成也是评书艺术改革的带头人,他首先撤掉书桌、使评书由高台教化的半身艺术,变为讲究气、音、节、手、眼、身、法、步的全身艺术,推翻了百年来评书的传统。
piāo qiào
shuài cuì

袁阔成

刘 兰 芳
liú lán fāng

刘兰芳,辽宁辽阳人。六岁学唱东北大鼓,后拜师学说评书。1979 年整理编写评书《岳飞传》,并在一百多家电视台播出,轰动全国。而后又整理改编了评书《杨家将》《包公巧断螃蟹三》《三打乌龙镇》《白牡丹行动》《赵匡胤演义》等。

刘兰芳的评书说演,声音洪亮,神完气足,干练中透着豪迈,很适合说演英雄人物与征战故事。又因为她早年习唱大鼓书,嗓音受到过良好训练,对音乐的感悟也被自然地带到了评书说演之中,因而其评书说演在听觉上,更有一种铿 锵 起伏 的声韵美感,尤其是
kēng qiāng qǐ fú

她高 亢 嘹 亮 的声音,使得刘兰芳成为家喻户晓、特色鲜明的评书表演艺术家。
gāo kàng liáo liàng   jiā yù hù xiǎo

刘兰芳

田 连 元

田连元的祖父田希贵、父亲田庆瑞都是说书艺人。田连元十四岁开始随父学书,后来师承著名相声艺人王起胜,后以《杨家将》《刘秀传》享誉书坛。

田连元作为传统评书表演艺术家,他的评书明书理,讲书情,具有很强的文学功力。在继承传统的同时,他的评书融入了不少现代文化意识,继承传统而不囿 于传统,在去芜存 菁 、推
yòu   qù wú cún jīng tuī

田连元

陈 出新上下功夫。田连元既能说书，又能写
书，是其独特的艺术风格。他的评书多为长篇故
事，被誉为"立体小说"。

田连元不但继承了传统形式，而且拓宽了
评书表演领域。他是把古老的评书与现代的电
视媒体结合起来的第一人。1981 年田连元在
中央人民广播电视台播出评书《杨家将》，轰动
海内外，1985 年，田连元在辽宁电视台首开电
视评书联播之先河。随后，北京电视台、中央电
视台相继播出了他的电视评书。

 单田芳

单田芳

单田芳出身于曲艺世家。外祖父王福义是闯关东，进沈阳最早的竹板老艺人。母亲
是 20 世纪 30 年代著名的西河大鼓演员，父亲是弦师。单田芳七八岁就学会了一些传统节目，后拜李庆海为师，正式说书。

自 1981 年以来，他先后出版了近四十部评书，是全国出版评书最多的演员。他的评书《隋唐演义》《三国演义》《明英烈》《少帅春秋》《七杰小五义》风靡大江南北。《天京血泪》在中央人民广播电视台一经播出，听众多达六亿。单田芳的评书，口风老练苍劲，语言生动形象，行文逻辑周密，令观众百听不厌。

3.3 二人转

二人转是主要流行于辽宁、吉林、黑龙江三省和内蒙古自治区的一种具有浓郁地方色彩的民间曲艺形式，至今已有三百多年的发展历史。二人转早期的名称叫"蹦蹦"，有记载，道光二年(1882 年)，吉林省八家子老爷庙的庙会上就曾演出过蹦蹦戏。蹦蹦戏艺人大多是农民，用东北方言进行说唱表演，内容通俗易懂，表演幽默风趣，深得广大农民喜爱。"二人转"这个名字最早出现在 1934年《泰东日报》上。1954 年 4 月，在北京举行的第一届全国民间音乐舞蹈大会上，东北代表团的二人转节目正式参加演出，之后二人转这个名字才被广泛传播。

多元文化对二人转产生了深刻的影响。在历史上，从汉武帝开始，就有大量的关内居民迁入东北，尤其是清朝后期和民国

传统二人转表演

初年,大批山东、河北人闯关东,使东北人口骤然增多。他们带来了各自民族的生活习俗和各地的民间戏曲,如河北秧歌、河北莲花落子、山西柳腔、凤阳花鼓等。这些民间艺术形式长期与东北当地的戏剧文化不断碰撞、磨合,最终发展成为二人转这种崭新的艺术形式。

可以说,几乎没有任何一种戏曲可以像二人转那样能够不断地将其他艺术形式据为己有。如二人转的舞蹈是将东北秧歌浓缩提炼为舞台表演形式,二人转的剧本大量地采用了其他曲种的剧目,二人转还不断吸收各地的民间笑话,甚至快板中的数板、戏曲中的身段、杂技中的技巧、小品中的幽默等等。同关内许多戏曲的循规蹈矩、固守传统相比,二人转现场表演中多有即兴发挥,演绎形式灵活多变,这也正是东北文化的质朴豪爽与中原儒家文化的中庸保守相区别的真实写照。

一如“元曲”和元杂剧,二人转也是出身于市井的“世俗玩意”。在黑土地上生活的平民百姓,就喜欢通过二人转来表达他们的喜怒哀乐(xǐ nù āi lè),很多人自小文化知识的启蒙就出自于二人转。二人转的老艺人曾经这样描述过二人转:“当地人说当地事儿,当地事儿用当地词儿,当地词曲当地味儿,当地事儿唱给当地人儿。”这四句话生动地概括了二人转的形成环境,表证了二人转与东北乡情和黑土地所不可分割的艺术性。东北自然条件相对恶劣,在与恶劣的自然条件相抗争和适应游牧或渔猎的生产生活方式中,东北人逐渐练就了一种粗犷豪放(cū guǎng háo fàng)、达观随和(dá guān suí hé)的性格。东北二人转的直爽、诙谐,正是东北人顽强的生命力和质朴豪放性格的体现。东北地广人稀,冬季漫长,生活在这里的人们在辛苦劳作之余却要忍受寒冷的煎熬与精神上的空寂,因此东北人渴望交流沟通,喜欢热闹和集体活动。二人转正是让东北人苦中作乐的最好的补偿方式。

从表演形式上看,二人转大致可分为三种:一种是二人化扮成一丑一旦,载歌载舞,分行当进行表演,也可称为狭义的二人转;一种是一个人扮演多个角色,一个人一台戏,称为“单出头”;一种是多个演员以各种角色出现在舞台上唱戏,称为“拉场戏”,也叫“群活儿”。

二人转的表现手法丰富多彩,有“四功一绝”之说。“四功”指的是唱、说、扮、舞,“绝”指的是用手绢、扇子、大板子、手玉子等道具练就的特技动作。“四功”以“唱”为首,讲究“味儿、字儿、句儿、板儿、调儿、劲儿”;“说”指的是说口,多采用民间生动活泼的语言,机智灵活、幽默风趣;二人转的“扮”即指扮演人物以形传神,以假代真,讲究“二人演一角,人分神不分”,“一人演多角,人不分神分”;二人转的“舞”更是别具一格,强调手、眼、身、法、步的综合运用和相互呼应,肩功、腰功、步法很有特色,尤其腕子功更是使得出神入化。

二人转的绝活

二人转的传统节目以《西厢》《包公赔情》《杨八姐游春》《猪八戒拱地》等最为著名。20世纪以来有影响力的二人转代表性艺人有辽宁的徐小楼、郎艳芳、小兰芝和赵本山等。辽宁二人转的艺术语言以辽北方言土语为腔调,憨厚、朴实、率真,加之所穿插的充满泥土味儿的歇(xiē)后语(hòu yǔ)、疙瘩话儿(gē da huà er)、笑料包袱(xiào liào bāo fu),妙语成珠,节奏鲜明,富有韵味,充满着原生态的生活气息。非常生活化的一串串即兴说口,往往会产生意想不到的喜剧效果,深受东北广大人民群众特别是农民群众的喜爱,民间流传着“宁舍一顿饭,不舍二人转”的说法。

Mín jiān tǐ yù yóu xì

4. 民间体育游戏

辽宁的民间体育游戏拥有鲜明的民族风格和地域特色,且内容丰富、形式多样。其中不少体育项目亲近大自然,不受条件限制,具有很强的娱乐性、趣味性。射猎、抓嘎拉哈、掷柶等民间体育游戏是流传于各民族大众生活的嬉戏娱乐活动,是各个民族智慧、情趣与进取精神的折射。

Shè liè

4.1 射猎

最初,满族人生活在中国最北部的黑龙江省。那里的气候恶劣,特别是冬季,冰天雪地、寒风刺骨,而且到处是崇山峻岭,群山密林中有许多猛兽。为了生存下去,满族人养成了“狩猎”、“骑射”的习惯。后来,这些习惯逐渐变成了满族人独特的体育项目,并使他们民族成为了一个崇尚运动的民族。

yǐn gōng zhī mín

满族人也被称为“引弓之民”。满族的先祖靠射猎不仅能够获得丰富的食物,而且在山林中保护了自身的安全。为了提高效率,能够一次捕获更多的野兽,满族人常常集体围猎。每年大概有三四次较大规模的围猎,打猎的环境十分恶劣,尤其是冬天,冰天雪地,山路崎岖,少则十几天,多则二十几天,只能吃炒面、喝雪水。这样的集体狩猎活动锻造了满族人刚强、坚毅的民族性格,加强了人们的组织性、纪律性。

射猎

在日常生活中,骑射习俗更是随处可见。清太宗皇太极崇尚骑射,国家有“每春习射”规定,皇帝会亲自考查官员们的射箭技术;普通百姓家如果有男孩出生,也会在家门前挂起小弓箭,寓意孩子成长为一名优秀的骑射手。孩子长到七八岁,便用木头做弓,柳枝当箭练习射箭技术。过了十岁,便要练习马上骑射;射箭也是年轻人主要的竞技活动。骑着奔驰的骏马,能射中飞禽走兽的是好射手,而能射中摇摆的柳枝的则是神射手,“跑马射柳”是比赛骑射技艺的常见项目。在比赛时,参赛者手持弓箭,骑马在距离柳树二十间(每间为 2 米)的马道上奔驰,到达指定地点的瞬间,用弓箭射柳枝。射到嫩梢的人,就会被众人推举为神射手。

可以说古代蒙古族是伴随着骑射成长发展起来的,每一个蒙古人从生到死也是在弓箭的伴随之下轮回的,这种文化造就了众多的蒙古骑射勇士。成吉思汗说:“一个男儿应当手执弓箭筒,把自己的尸体抛弃在荒野。”人们把以露为食,以风为骑,以箭为友的刻苦精神视为男子汉应具备的品格。成吉思汗青年时代,曾与札木合持箭结为“安达”(兄弟),曾以折箭告诫子孙:“一枝脆弱的箭,当它成倍地增加,得到别的箭的支援,哪怕大力士也折不断它,对它束手无策。只要兄弟间互相帮助,做对方坚定的后援,哪怕敌人再强大,也无法战胜我们。"可以说射箭运动在蒙古长期社会历史生活的酝酿下转变成了蒙古族的文化要素。

4.2　抓 嘎 拉 哈
Zhuā gǎ lā hā

　　在辽宁地区，满族、蒙古族、锡伯族的民众喜爱的炕头游戏叫"抓嘎拉哈"，也有地方叫"抓骨头块儿"。据文献记载，这种游戏活动源流久远，与当地民族的宗教信仰有着密切的关系。其实留存和摆弄动物骨块来源于原始时

期的图 腾 崇拜和宗教信仰。中国北方以原始
tú téng
渔猎生产为主的诸多民族都有佩戴骨饰的习惯。骨饰表明他们征服了野兽和残酷的大自然，是他们苦难经历的历史记载。后来，人们开始索取动物身上有特征的部位如"嘎拉哈"，磨制圆滑，染上色彩，抛着玩耍，于是产生了这种连北方的汉民族也喜欢的民间游戏"抓嘎拉哈"。

抓嘎拉哈

　　嘎拉哈骨分四面，有棱凸起的一面为珍儿，珍儿背面为鬼儿，俯面为背 儿，仰面为 梢
tū qǐ　　　　　　　　　　　　　　　　*guǐ*　　*bèi*　　　　*shāo*
儿，人们利用这四个面的不同变换来进行游戏。嘎拉哈主要有弹、抓、打三种玩法。弹和
抓是室内游戏，打是室外游戏。早期的嘎拉哈是取自鹿 、獐 、狍 、麋等野生动物的腿骨，
　　　　　　　　　　　　　　　　　　　lù zhāng páo mí
人们随手抛掷，以嘎拉哈的倒仰横侧分胜负，以猪羊赌输赢，多为男人游戏。打的游戏是在室外进行，主要是未成年的男孩子，流行于以狩猎为生计的山区。后来多改用家养的猪、羊腿骨上的嘎拉哈，并将其涂有红绿黄等颜色。玩法也由抛掷改为"抓子儿"，先将嘎拉哈散开，抛起小布口袋，在小布口袋尚未落下时，依次翻动嘎拉哈的四面，或按规定个数抓起嘎拉哈，以合要求且口袋不失手者为胜，此时的"抓子儿"游戏已不仅限于男子中流行，它演变为北方少数民族的妇女儿童进而包括众多汉族民众都喜爱的游戏活动。

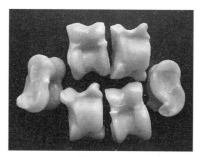

羊嘎拉哈

　　可以说民间"抓嘎拉哈"游戏是北方渔猎民族历史文化的记录，是人们聪颖、尚武和智慧的象征。而这种玩法也是一种民族创造，守山吃山，守水吃水，狩猎玩骨头块儿，这本也是人的一种自然选择。这种游戏既练记忆力又练手劲儿，特别是亲自获取它要付出一定的代价，能使人获得全面的锻炼，对儿童个性的形成、社会性的发展都起到了重要的作用。

Zhì sì
4.3 掷柶

朝鲜族传统掷柶竞技游戏源于历史文化的传承,从最初由住在乡村的农牧民预测新一年庄稼收成,到后来的商人预测生意吉凶,再到人们预测生活中遇到的大大小小的事情,掷柶变成了一项跨越了贫贱与富贵的界限,男女老幼都参与的全民族传统竞技游戏活动。

早在隋唐时期,我国东北地区包括吉林通化、吉安一带大量居住着朝鲜族人。朝鲜族先民能歌善舞,一直以种植农作物为生,主要种植水稻、谷子等农作物。多少年来一直盛行着春天播种以前,在每年的正月十五元宵节晚上,以掷柶方式占卜问天,求得来年收成好坏。后来,人们把这种预测收成的活动,逐渐演变成有规则、带有竞技内容的掷柶游戏比赛活动。在沈阳市朝鲜族聚居地区,五十岁以上的朝鲜族老人都会玩,而且都爱玩。在朝鲜族民俗节日到来时,人们也把传统掷柶游戏作为一项比赛项目。

掷柶

掷柶游戏活动的用具由四根半圆形木条、棋盘、四个不同形状或不同颜色的棋子儿组成。木条的背面涂上土黄色或黑色,平面为淡黄色或白色,四个木条中在一个木条的平面上涂个红点。掷柶游戏在两人之间或三人之间进行,也可以组成两个队或三个队进行。首先有一方队员双手抓起四个木条掷到地面,根据木条朝向决定棋子儿运走的步数。如果一个木条平面朝上叫"猪",前进上步,唯独带红点的平面朝上,叫"后退猪",当然后退一步;两个平面朝上叫"狗",前进两步;三个平面朝上叫"羊",前进三步;四个平面朝上叫"牛",前进四步,掷者还可继续掷;四木条全卧(平面朝下)叫"马",前进五步,也可继续掷。每当自己队的队员掷出"牛"或"马",全队的人欢欣鼓舞,手舞足蹈。走"子儿"的过程中,如果恰好走到对方"子儿"的位置上,可以"吃掉"对方的"子儿",掷者还可以继续掷。这种运气使然的游戏始终让参赛者、旁观者充满喜悦和兴奋状态,适合人们聚会的气氛,因而人人都喜欢玩掷柶游戏。时至今日,掷柶仍是朝鲜族最为喜爱的游戏活动之一。

采组	采名	采数	奖采
	猪	1	
	狗	2	
	羊	3	
	牛	4	玩家再掷一次。
	马	5	玩家再掷一次。

5. 传 统 手 工 艺

辽宁的传统手工艺丰富多彩,民族特色浓郁。许多民间手工艺品不仅历史悠久,而且
风格独特,如喜 庆 吉 祥 的剪纸、形 神 兼 备 的雕刻、精 工 细 作 的制笔、美轮美
奂 的刺绣都以其浓郁的民族气息、醇厚的艺术内涵和深厚的历史积淀越来越受到人们的
重视和喜爱。

5.1 剪 纸

剪纸是在中国民间流行的一种历史悠久的镂空艺术。它是用剪刀将纸剪成各种各样
的图案,如窗花、门笺、墙花、顶棚花、灯花等。每逢过节或新婚喜庆,人们便将美丽鲜艳的
剪纸贴在家中窗户、墙壁、门和灯笼上,节日的气氛也被烘托得更加热烈。从技法上讲,剪
纸实际也就是在纸上镂空剪刻,使其呈现出所要表现
的形象。人们在长期的艺术、生活实践中,将剪纸艺
术形式锤炼得日趋完善,形成了以剪刻、镂空为主的
多种技法,如撕纸、烧烫、拼色、衬色、染色、勾描等,使
剪纸的表现力有了无限的深度和广度。由于剪纸的
工具材料简便普及,技法易于掌握,有着其他艺术门
类不可替代的特性,因而,这一艺术形式从古到今深
得民众的喜爱。

医巫闾山剪纸《花轿里的俏媳妇》

辽宁剪纸艺术历史悠久,在历经千年的演变过程中形成了独具满族风情、东北地域元
素的艺术风格。比如,满族剪纸,按地域的不同凸显出不同的特色。"医巫闾山满族剪纸"
借鉴了皮影的造型艺术,突破了对称的剪纸手法,以风俗画的布局,表现了人物众多、场面
宏大的生活场景。其造型不求精致、准确,主要以博大恢宏的气度和朴 拙 古 茂 的神韵
取胜。"新宾满族剪纸"材料比较特别,除了纸之外,还选用皮草、鱼皮、麻布、桦皮、苞米窝
儿、红辣椒、树叶、布、绸等薄片材料进行剪贴加工。技法古朴自然,不描不画、不打底稿,
全凭一把剪子,剪随心动,一气呵成。"新宾满族剪纸"还是融剪、说、唱于一体的民间艺
术,艺人在剪纸的过程中,或哼唱满族民歌,或讲述满族故事,还经常使用满文为创作元
素,这种形式使它区别于其他地方的满族剪纸,非常具有地方特色。

 mǎn zú jiǎn zhǐ de zào xíng tè zhēng
满 族 剪 纸 的 造 型 特 征

满族剪纸的造型主要依照客观事物的自然形态和形式美,通过人们的想象,塑造出夸
张、抽象、生动活泼的形象。剪纸重在神似而非形似,是一种观念造型艺术。人们通过剪

122

纸表达对美好生活的向往和对宗教的信仰。线条是构成剪纸的画面效果与内容形式的主要因素。满族剪纸的线条自由、粗犷、流畅,具有很强的抽象性与概括性。在剪纸造型中将不同时空的形象融合到一组画面当中,巧妙编排形成完整的艺术形象,其寓意深刻、造型夸张、情趣十足,令人赏心悦目。

柳树妈妈

早期的满族剪纸在内涵上与原始的宗教信仰紧密相连。满族的祖先崇拜意识很强,主要体现在对自然的原始崇拜、对动植物图腾的崇拜、对祖先的崇拜等方面。如医巫闾山的满族剪纸作品《柳树妈妈》里,满族女性头上的头饰是一个柳树枝,就源于满族人们对于自然的崇拜。满族先民逐水而居,有水的地方就意味着生命可以在此繁衍生息,而水边经常有繁殖能力很强的柳树,只一根柳枝便可以生根发芽。由此,满族人这种借助"物象"类比的思维方式寄托了人们希望生生不息的美好愿望。

宁舍一顿饭不舍二人转

满族剪纸的构图特色

满族剪纸的构图不要求严谨的透视原则和比例关系,画面多采用对称、满幅平铺、互不遮挡、相互串联的构成方式,留白较少。创作者按照自己的审美观巧妙地把各个物形编排在一起,没有固定的版式和模型,呈现出鲜明的装饰性特征。满族剪纸中多采用对称剪法,在同一画面中剪出相同、对称的多个图像,自由排列。如剪纸作品《宁舍一顿饭不舍二人转》,采取了互相穿插、互不遮挡的构图方法,融合了多个场景。正中人物身着满族传统服装,手拿扇子、手绢等表演传统二人转;环绕四周的是划龙舟、舞龙舞狮的场景;画面的空余部分还绘制出许多动物和植物的形象,如龙、虎、鸟、鹤、牛、鸭、狗以及柳树和花朵等。这幅作品主题的表现以及布局的处理给人们留下了深刻的印象。

满族剪纸的色彩特点

满族剪纸在色彩使用上相对单调,注重色彩所包含的寓意。每个民族都有自己独特的色彩审美观,满族也不例外。满族喜爱白色,白色被视为吉祥的颜色,这一色彩审美观的形成与满族的生活习俗密切相关:满族自古以狩猎为生,常年生活在白雪覆盖的崇山峻岭之中,在视觉上长期接触白色,对白色产生了特殊的情感。满族"色尚白"的审美习俗在旧俗中广为运用,旧时满族人的春联就是白色的。剪纸图案多为动物、花卉和祭祀神像,展现了满族人民丰富多彩的民俗生活和萨满教祭祀活动。满族人还用风干的玉米叶子剪纸,采用天然的白色和自然的纹理塑造出生动活泼的形象和吉祥的图案。满族入关之后,多民族杂居,受汉族习俗的影

彩色剪纸

响,"色尚白"的审美观逐渐减弱。晚清以后,满族人沿袭汉俗,多颜色的剪纸作品应运而生。

满族剪纸艺术源远流长,在长久的民族文化发展过程中融入了劳动人民的造型意识、审美观点和哲学思想。在我国众多剪纸艺术当中,满族剪纸以其独特的造型风格、鲜明的民族特点占据一席之地,体现出浓郁的满族风情的审美意蕴。

5.2 雕 刻
Diāo kè

中国的雕刻艺术有着悠久的历史,与西方崇尚人体美的雕刻艺术不同,中国的雕刻作品中人物、动物、植物以及风景都是主要题材,个个形神兼备,雕刻技法精湛。雕刻艺术因材料和雕刻手法不同可分为竹雕、木雕、牙雕、石雕、角雕等形式。这些雕刻都源于竹雕,古代艺术家根据不同材料将竹雕技法加以改进,最终形成不同的现代技法和艺术风格,如北京的漆雕艺术,广州、上海的牙雕艺术,吉林的根雕艺术等。辽宁的雕刻艺术在国内也是远近闻名,岫岩的玉雕 (yù diāo)、抚顺的媒精雕刻 (méi jīng diāo kè) 以及阜新的玛瑙雕刻 (mǎ nǎo diāo kè) 也是中国博大精深的雕刻艺术文化的重要组成部分。

玉雕
yù diāo

中国是一个历史悠久、文化灿烂的文明古国。人类对于天然玉石资源的认识和开发利用,贯穿于整个中华民族的五千年历史长河之中。西方一些国家赞誉中国是世界"东方宝玉石之乡",又称中国精湛的玉雕艺术是西方国家难以媲美的 (nán yǐ pì měi)"东方艺术"。

辽宁岫岩以盛产玉石享誉全国,岫岩玉石蕴藏丰富,质地晶莹纯净,是制作玉雕工艺品最理想的材料。岫岩玉的开发雕琢大约有一万年的历史,旧石器时代出土的文物就有岫岩玉被开采的佐证。北京故宫珍藏的两件公元前11世纪的玉器——碧玉璃佩和 (bì yù lí pèi)

岫玉壶

青玉鸟兽柄形器 (qīng yù niǎo shòu bǐng xíng qì) 均为岫岩玉所制;1968年河北满城汉墓出土的西汉中山靖王及王后窦绾的两套金镂玉衣,经专家鉴定,玉衣所用的玉片大部分取自岫岩玉;沈阳新乐遗址陈列的两件玉佩,经考证是五千年前制品,也是岫岩玉所制。清代中叶,岫岩玉雕就已经闻名遐迩了 (wén míng xiá ěr)。道光年间,岫岩城内到处都是玉铺,生意兴隆,宣统元年(1909年),玉器销售额达两万吊钱。民国年间,玉器作坊已发展到三十余家,那时各家雕琢的玉制品多以小件为主,如镯子、佛珠、墨盒、砚台等。如今,岫岩玉雕的制作已经由手工操作陆续转为机械化生产了,生产品种由新中国成立初的素瓶、手球、烟具等发展到人物、鸟兽、炉、薰 (xūn) 等上百个品种。

岫岩玉雕的样式、题材极为丰富,有仿古风格的,也有具现代意识的,有直接表现自然的,也有反映社会历史内容的。就实用方面来说,有祥瑞玉 (xiáng ruì yù)、用品玉 (yòng pǐn yù)、玩赏玉 (wán shǎng yù)、

124

观瞻玉（guān zhān yù）、供奉玉（gòng fèng yù）、保健玉（bǎo jiàn yù）等。祥瑞玉有菩萨像、护身佛、龙、凤、麒麟（qí lín）、长命锁等吉祥物，表达了人们祈求好运、呈祥避祸、永葆青春的意愿。用品玉多为日常生活人们佩戴的装饰品，如手镯、项链、耳环等；日用类的有文房四宝、烟、酒、茶具等，不一而足，可作为实际生活用品，也可作为艺术品观赏。玩赏玉有表现自然的花、鸟、虫、鱼、兽和各类瓶、炉、鼎（dǐng）、薰等，是岫岩工艺数量最多、品种最广的作品。观瞻玉以戏剧神话人物、古今名人为主要题材，可陈列室中供人观赏。供奉玉主要是佛、道雕像，法相庄严，有通灵显圣之态，或济世助人之情。保健玉古已有之，李时珍的《本草纲目》上记载有 14 类玉可以作为药材，如今的岫岩人运用现代科技研制发明保健玉枕、玉垫等产品，有强身健体功效。由此可见，岫岩玉雕是中国古老传统的审美思想体现，它们蕴含着独特的中国民族民间情趣。

岫玉塔薰

俗话说"玉不琢不成器"，每一件玉器的出炉都需要下很大的功夫，是雕刻艺术家们辛苦劳动的结晶。玉雕作品《蝈蝈花篮》，透过一个小孔，在篮里雕出两只淡绿色的蝈蝈，翘首外望；花篮外是一束盛开的红色海棠花，花上另雕有两只绿蝈蝈，与篮内的蝈蝈相映成趣。四只蝈蝈或动，或静，或喜，或怒，情态毕现，令人叹为观止。玉雕作品《华夏灵光—岫玉塔薰》，雕工精湛，立意深远，它集立雕、浮雕（fú diāo）、双层雕等传统工艺于一身，将宫殿、庙宇、楼台、亭榭与玉雕瓶融为一体，整个作品高 2.55 米，用料近三吨，是迄今中国玉雕史上最大的一件瓶素活，被称为"稀世珍宝"。1960 年，在岫岩发现了一块巨大玉石，高 7.95 米，宽 6.88 米，厚 4.1 米，重 260.76 吨，入选了吉尼斯世界纪录。这块玉石经过岫岩玉雕大师们历时 18 个月的精心雕琢，被雕制成了世界上最大的玉佛，被称为自然景观与人文景观和谐统一的世界奇观。

孔子曾经说过："盖天下坚洁精美之品无过于玉者，得其一件足以陶冶情操，受益无穷。"意思是说：玉是天下最精美的物品，得到一件玉制品就足够让自己的思想、性情升华，对人非常有好处。可见，玉已经作为一种中华民族的文化符号深得人们的看重和喜爱。岫岩玉雕的悠久发展历程在人类历史长河中形成了五彩缤纷的"岫岩玉文化"，丰富了中华民族灿烂的玉文化，同时也为人们的精神文化增添了色彩。

煤精雕刻（méi jīng diāo kè）

煤精又名"煤玉"，是一种高级煤，是由五千多万年前的树木和苔藓（tái xiǎn）、藻类（zǎo lèi）等经过漫长地质演变而形成的，夹杂于煤层之中。其特点是稍轻于煤，质地坚韧、结构细腻、乌黑发亮、横竖纹理明显，是雕刻工艺品的上好原料，被称为"雕刻漆煤（qī méi）"。

我国的煤精制品最早是在位于沈阳的新乐遗址中发现的。新乐遗址是一处距今七千多年的新石器时代母系氏族公社的遗址。在这里发现的一些喇叭状的小碗、圆球、耳环等煤精制品，显示了我国的煤精雕刻已经有七千多年的历史了。后来，除了西周的古墓中也有煤精制品出土，历代鲜有煤精雕刻的工艺品，直到20世纪初，木雕艺人赵昆生在一次冬天烧煤的时候，发现一种发乌较硬的煤，并用这块煤刻制了一副手球，才重新续写了煤精雕刻的工艺史，近代煤精雕刻的第一个作品才问世。

抚顺煤精的主要特征可以用"一奇、二特、三绝"来概括。

奇。作为雕刻原料的煤精本身就是大自然造化万物的奇观，经过漫长的地质演变，地上的植物变成了地下的宝藏，成为不可多得的雕刻原料。而人类的智慧与文明又将岁月演变的精华雕琢成各种工艺品回馈给社会，这也正是人类开发和利用大自然的奇妙之处。可以说，煤精雕刻是远古大自然的漫长演变与人类智慧的结晶，是中国乃至世界雕刻艺苑中的一朵奇葩。

特。经科学家考证，远古时期的抚顺有着独特的地质环境和气候条件，形成了特有的煤精。在我国，只有抚顺才有煤精，而抚顺三十里煤海、五大煤矿也只有西露天矿才有煤精。正因为原材料的珍稀和独特，才有了抚顺独有的煤精雕刻工艺。独特的原材料和独特的工艺品种，使抚顺煤精雕刻工艺品在我国乃至世界都是独一无二的雕刻工艺品种。

绝。抚顺煤精雕刻堪称世界一绝、原料一绝、雕刻工艺更是一绝。世界上煤精产地寥寥无几，更没有煤精雕刻工艺。多年来，抚顺煤精雕刻作为一种独家工艺品牌一直以有限的数量在世界各地畅销。

抚顺的煤精雕刻作品分为人物、动物、素活三大系列。雕刻过程全凭艺人的灵感和经验，就地取材，以料定型，成图在胸，因材施工。煤精雕刻根据题材的要求，或大刀阔斧，粗犷有力；或刀法细腻，精雕细琢。作品真实生动，神形兼备，于古朴中见风雅，于沉稳中显灵秀，构思巧妙，设计新颖，题材丰富，雕工精湛，形成了独具特色的乌金艺术品，更是收藏家珍藏的珍稀工艺品。

玛瑙雕刻
mǎ nǎo diāo kè

自古以来，玛瑙就受到人们的欢迎，人们把它看成财富的象征。玛瑙产生于火山岩裂缝及空洞中。与水晶、碧玉等一样，它也是一种石英矿，早在五六千年前的红山文化遗址里，人们就发掘到用玛瑙制成的刀、箭头等生活用具。据说此物后来下落不明，直到秦始皇通汨罗江的时候，又再次挖掘到它。玛瑙一直是人们
mì luó jiāng
心目中的珍宝，人们用玛瑙制作各种艺术品和装饰品。辽金时代更把玛瑙钦定为帝王贵胄专用的瑰宝，明文规定百
dì wáng guì zhòu
姓不准使用玛瑙器皿及用之装饰刀把和刀鞘。到了元代，继承了金代的传统，把玛瑙的利用推向更加鼎盛的时期，在宫

126

廷中专门设置了玛瑙玉局,专为帝王贵胄制作玛瑙等玉器,以供赏玩。明清时玛瑙也很盛行,迄今为止有不少当时的玛瑙制品流传下来。

玛瑙本身具有坚硬细腻、光洁度高、色彩丰富等特点,是雕琢美术工艺品的上等材料,加上手工艺者以先进的技术与完美的艺术相结合,赋予它奇特的构思,丰富的题材,巧妙的设计,精湛的雕功,使得其所表现的艺术效果非凡而超俗。玛瑙的种类繁多,有红、黄、绿、白、蓝、灰、黑、紫等颜色,其中红色是玛瑙的主要颜色。在珠宝行中有一句口头禅——玛瑙无红一世穷,这也说明玛瑙的红色有多么重要。

锦州市、阜新市是辽宁玛瑙雕刻的重要产地。一般来说,雕琢得越奇特、罕见,艺术价值就越高。少数玛瑙在形成时,里面包着一股清水,这种玛瑙异常珍贵,如果再经过精雕细刻,可谓价值连城,这就是"水胆玛瑙"。最著名的水胆玛瑙雕刻品是锦州产的"水帘洞",水胆部分雕成泉水,周围雕有各种小生物在泉边嬉戏,形成鱼游蛙鸣、彩蝶飞舞、小猴摘桃、小鹿跳跃的生动画面。这件作品在全国展出时引起巨大轰动。现在它被荣列为国宝,被国家收藏。

阜新市的玛瑙以其色泽纯正、质地优良而闻名遐迩,玛瑙制品也以其精美的质量、巧夺天工的造型而享誉中外,特别是十家子镇的玛瑙市场,已成为全国最大的玛瑙集散地,玛瑙交易异常火爆。2004 年,在阜新发现了国内最大的玛瑙料石,无论从地质学角度,还是从历史学、艺术学角度,都有很高的研究价值和应用价值,当属无价之宝。

石雕 shí diāo

石雕艺术历史悠久。可以说,迄今人类包罗万象的艺术形式中,没有哪一种能比石雕更古老了,也没有哪一种艺术形式能让人们如此喜闻乐见、万古不衰。

石雕的历史可以追溯到距今一二十万年前的旧石器时代中期。在这漫长的历史进程中,石雕艺术的创作也不断地更新进步。不同时期,石雕在类型和样式风格上都有很大变迁。不同的需要,不同的审美追求,不同的社会环境和社会制度,都在制约着石雕创作的发展演变。石雕的历史是艺术的历史,也是文化内涵丰富的历史,更是形象生动而又实在的人类历史。

铁岭王千石雕历史悠久,相传远在明代,铁岭王千村的北山便有了开山辟石的敲击声。这里的石雕作品高大雄健、类型众多、个性鲜明、造型古朴,具有极强的生命力和感染力。在这里,家家都有石作坊,随处可以见石制品。王千村石雕艺人的祖辈皆由中原迁徙而来,虽技艺与中原地区相似,但因特殊的地理环境和历史沿革,又形成了风格独特的手工技艺。王千村的石雕艺人,大体有莫、邸、王几大家族,其中邸家、王家的技艺已经失传,唯有莫家尚存传人。

本溪桥头石雕是历史悠久的汉族民间雕刻艺术。石雕有圆雕、浮雕、透雕等,取材花岗石、茶园石和黟县青石,多用于牌坊、民宅的基础部位、碑刻等处。桥头石雕艺术无论造型或构图都独具特色。论其特点可分为两类:一类书面充盈,紧凑饱满,错落有致,

铁岭王千石雕六角亭

富于装饰性。另一类书面简洁大方,构图大势开合,擅长用光线映衬近物。有些作品正是由于深雕浅刻,结果意趣无穷。虽经数百年风雨剥蚀,至今看上去仍然十分耐人寻味。

辽砚

本溪桥头村也是"辽砚"的两大取材地之一。"辽砚"之意并非取自辽宁砚台,而是辽代砚台,它因始产于辽代而得名。辽代是以契丹族为主建立的封建王朝,这个意为镔铁和刀剑的民族,虽自称为"大辽",但对中原文化却十分重视。据说辽景宗时,北枢密院史兼北府宰相萧思温,为世代以骑射骁勇著称的契丹民族,少有像汉人那样精于文章者而感遗憾,更为汉人的文房四宝所吸引。制作一种代表自己民族的砚台,成了他多年的愿望。每次外出他都不忘考察当地的石料,寻找符合标准的制砚石材。一天,他去庙堂还愿,途经桥头镇的小黄柏峪,一眼就相中了那里的石料,带回去进行研究,发现这些石料果真符合制砚的标准,于是便派人前去开采。采回的石料经过精心选择,再由能工巧匠精雕细刻,很快十几方精美的砚台就诞生了。当他将这些砚台送进宫后,景宗和萧太后高兴极了。景宗拿了一方龙凤砚爱不释手,反复端详、品鉴,赞不绝口,索性将自己御案上的端砚换下,赏给了萧思温,并欣然挥毫在砚台上题了"大辽国砚"四个字,辽砚也从此得名。萧太后(萧思温之女)见父亲立了功更是喜出望外,封辽砚为"御砚"。从此,大辽国砚便成了宫廷供品,桥头镇的小黄柏峪采石厂也成了重兵把守的要地,每年都要选出上等石料运入宫中,按严格的规定制出做工考究、图案精美的砚台,专为王公贵族、皇子皇孙使用。

5.3 制笔

胡魁章毛笔源于天下闻名的"湖笔",具有尖、圆、齐、健的特点。清道光三年(1823年),浙江人胡魁章在家乡湖州开设了一家笔庄,命名为"胡魁章笔庄"。道光末年,奉天行宫的皇陵总管福康阿慕名从胡魁章笔庄订购一批笔送进皇宫,得到王公大臣和皇帝的喜爱,胡魁章毛笔因而开始供奉朝廷。它与北京李福寿、上海周虎臣共同形成了中国毛笔中的"三杰"。胡魁章的笔终日握而不败,蘸一次能写数十字。后来,被著名书法家沈延毅称为"妙笔生花"。清咸丰四年(1854年),胡魁章在沈阳的四平街(今中街)开办一处分号。随着制笔业的发展,胡魁章将事业重点放在东北,清末民初时达到鼎盛。1993年,胡魁章笔庄被国家贸易部认定为"中华老字号"。

早期胡魁章毛笔的原料主要来自湖州,后来胡魁章发现北方的黄鼠狼尾毛更适宜制作狼毫笔。由于北方冬季非常寒冷,动物的兽毛在这个时期生长得最旺盛,且毛质坚挺,毛针粗壮。因此,胡魁章选用寒冬季节捕猎的黄鼠狼的尾

胡魁章毛笔

毛,加上 香 狸 毛 `xiāng lí máo`、貉 针 毛 `háo zhēn máo` 等辅料,制成毛笔。

　　胡魁章毛笔为纯手工制作,从开始择料到最后包装共有 100 多道工序。工艺分为"水盆"和"干桌"两大类:"水盆",指制作笔头,包括浸、梳、齐、垫等工序;"干桌",指对经由"水盆"制作的初期笔头进行加工,包括择笔、刻字、检验、包装等工序。由于工序复杂,一般工人只单学单做"水盆"或"干桌",再相互配合,制成毛笔。

制笔师傅正在折毛

128

　　沈阳胡魁章笔庄历经 160 多年的发展沿革,是东北地区唯一一家手工制笔的老字号,现有自制笔 40 多种,分为狼毫、羊毫、兼毫三大系列。其招牌名笔"青山挂雪""落笔惊风""大狼毫""极品狼毫"等,深受广大文人墨客的喜爱。

5.4　刺绣
`Cì xiù`

　　刺绣是满族较有特色的民间艺术之一,无论是宫廷,还是民间,服饰上的刺绣都深受人们的喜爱。满绣不仅凝聚了满族人的审美情趣,也积淀并传承着他们的智慧、宗教观念和民俗意识。

　　满族刺绣距今已有四百多年的历史,是满族承于先世,在保留女真人皮革补绣的纯朴工艺基础上,吸收鲁绣 `lǔ xiù`、苏绣 `sū xiù` 等技艺而形成的内容博大、想象力丰富、形式多变、粗犷与细腻并存、观赏与实用并举的传统技艺。刺绣是满族比较有代表性的民间艺术之一,不管是在宫廷,还是在民间,所穿所用的刺绣制品都受到人们的喜爱。民间刺绣工艺尤为盛行,清朝满族少女无论家境富贫,自幼都学习刺绣工艺,描花样、错针、乱针、锁丝、盘金、铺绒、刮绒、挑花,一针一线精心准备出嫁用品。谁家姑娘绣得好,便证明她心灵手巧。年年七月初七的"乞 巧 节" `qǐ qiǎo jié`,满族妇女沿袭自古便有的"丢针"习俗乞求一手好女工。

　　在图案纹饰方面,汉族使用的各类传统吉祥图案被满族所接受,如福禄寿喜、吉庆有余、龙凤呈祥、五子登科。中原地区戏曲、神话、书法、绘画、小说人物等也成为满族的刺绣题材,改变了满族初期刺绣仅花卉、走兽,题材单一的情况,使绣品内容更加丰富多彩。满人在学习关内刺绣基础上更有发展,所绣枕顶如锦上添花、美轮美奂,令人爱 不 释 手 `ài bú shì shǒu`,其刺绣技艺水平可与苏绣媲美。

　　满族刺绣在不断吸收中原文化的同时,始终保留本民族最古老的习俗。满族遵循女真人"金俗好衣白"的习俗,满族衣饰边缘、枕 顶 `zhěn dǐng`,不少是白色做底子的。此外,满族人还喜欢青色,也喜用青色做底子,满族的枕顶以青锻布镶边,显得古朴、典雅。

　　满族民间刺绣留下了萨满文化的印迹。萨满教为原始多神教,满人历史上信奉萨满教,认为万物有灵,崇拜自然、图腾、祖先。萨满教认为,神的种类很多,既有动物,也有植物。动物如鹿、马、虎、喜鹊、乌鸦、蟒蛇等，被尊崇为神。鹿神保护族人和鹿群平安；马神是萨满祖先的灵魂；虎神象征着满族人的盖世英雄；乌鸦是天神的侍女，传说曾救过汗王努尔哈赤；蟒蛇是吉祥之神。在植物中，尊崇大树为神，满族人认为树能穿透三界，根为下界，与地下世界相通；树冠为上界，与天相通；树干为中界，与人相通。

此外，萨满教的习俗也直接反映在刺绣上，一些满族刺绣枕顶人物看似生动传神、形象可爱，如果仔细观察，却发现没有绣眼睛。一种说法是：为避免神鬼夜间查看卧室。另一种说法是：根据满族传统习俗，姑娘出嫁前绣枕顶人物是不绣眼睛的，到了出嫁后再补绣眼睛。

枕顶图案

满族女孩从小就要学刺绣枕顶，到了结婚的年龄时，所绣的枕顶多达上百对。等到结婚的时候，把枕顶绷在布帘上，挂在洞房中展示，技艺水平高低一目了然。技艺高者得到婆家人、亲朋好友及邻里称赞，丈夫脸上生光，新媳妇地位自然就高。展示后，一部分赠送本家长辈及亲友，留下部分使用外，将精品压在箱底留给女儿代代相传。至今传世的满族枕顶，少则有近百年历史，多则有二三百年以上历史。

6. 满族传统服饰
Mǎn zú chuán tǒng fú shì

满族服饰具有鲜明的民族特色,反映了我国北方骑射民族的生活特点和审美情趣。在长期的历史发展过程中,满族的服饰也随着满、汉民族的不断融合,在保持本民族传统风格的基础上,吸收了不少汉民族服饰元素,不断呈现新的面貌。旗袍即源自满族,但在清后期与汉族女子服饰风格相交融,逐渐形成了其独特的艺术风格,至今已成为中国服饰文化的象征。

满族服饰有着浓郁的民族特点和民族性格,这是满族在其民族形成过程中一种长期的生活积淀的结果。首先满族服饰承袭了女真人的旧俗,比如满族人爱穿皮质服饰。其次,满族服饰的地域性也很明显,由于生活在寒冷地带,满族人不分男女老少都有戴帽子的习惯,冬天戴皮帽,春秋戴暖帽,夏天戴草编凉帽,并在帽子顶点点缀"红缨"(hóng yīng),醒目又靓丽。另外,满族是马背上的民族,一切装束都要体现利落的原则,以利于骑在马背上奔跑。例如他们的袍子下襟有前后左右四处开衩,就是为了能够在马背上伸展更自如。

清朝服饰形制是最为庞杂、繁缛(fán rù)的,条文规章也多于以前任何一个朝代。在清政府规定的服制中,既保留了汉族服制中的某些特点,又不失本民族的习俗礼仪,在中国民族服饰发展的历史长河中,最具有民族特点和民族色彩。

6.1 袍服的特点
Páo fú de tè diǎn

在东北寒冷山林中生活的满人,以骑射狩猎为生,以英勇善战著称,他们独特的袍服正是适应了其独特的生活方式。因此满人袍服的基本形制为圆领,马蹄袖(mǎ tí xiù),袖身窄小,束腰(yāo),捻襟(niǎn jīn),上带扣袢(kòu pàn),下有开衩(kāi chà)(shù)。这种完全不同于汉人的服饰,源于满人及其先人一脉相承的生活习俗和生存环境,具有相当的历史和文化渊源。

满人袍服的左衽
mǎn rén páo fú de zuǒ rèn

满人旗袍的门襟部位为左衽(zuǒ rèn),这与满族人常年骑射有关。一般骑射的姿势为左手执弓,右手搭箭,然后瞄准开弓。若服装为右衽,则显然会妨碍右边搭箭的右手,不利于发箭。从实用主义出发的满人袍服采用的是方便的左衽。

满人袍服的开衩
mǎn rén páo fú de kāi chà

从衣服的整体结构来看,满人袍服与汉人袍服的最大区别在于是否开衩。一般而言,汉人的袍服比较宽大,侧面不开衩。满人的袍服则分两种,一种在室内穿着,为了保暖等原因,也不开衩,而外出时所穿的袍服则开数个衩。有的在衣身两侧开衩,共两衩,还有的在衣身两侧及前后均分别开衩,共四衩。入关前的满人袍服多数开衩,这与满人的生活方式关系密切。开衩长袍既可以保暖,又方便骑马、射箭、奔跑、劳作等野外生活。开衩高度一般至膝盖处,以便骑马时袍衣不裹大腿,方便自如。开衩数量的多少视具体情况而定,两衩比四衩保暖性好,而四衩又较两衩活动性好。

131

mǎn rén páo fú de quē jīn
满人袍服的缺襟

满人的袍服男女通用,并且分为长袍和行袍两种形式。其中行袍较短,并将右前襟裁去一块,约一尺左右,平时穿着时可以用纽扣将其连在里襟上,骑马时则直接将此块拿去,以求方便。这种特殊的袍服,称为"缺襟袍"。不难想象,这种独特的缺襟设计也是为了骑射之时,下肢不受羁绊束缚而特别设计制作的。

行袍

mǎn rén páo fú de mǎ tí xiù
满人袍服的马蹄袖

马蹄袖即为箭袖,在是平常袖子的前段再缝接一块,形状跟马蹄一样,可以翻折向上,也可以向下折平。向上翻折时,如一般袖口,不会妨碍手臂的正常行动。而折下时,则可覆盖于手背上,有保暖和保护的作用,尤其适合于寒冷的东北地区山林生活以及狩猎、骑射和作战之时。这是兼有手套作用的特殊袖口,使用起来更加方便,折下即"戴上手套",折上即"脱去手套",脱戴方便,不会遗失。

马蹄袖

mǎn rén páo fú de shōu yāo shù dài
满人袍服的收腰束带

入关前的袍服与清朝袍服的差异还是很明显的。从总的外观轮廓来看,入关前的袍服要窄小一些,呈窄腰窄袖的形状。而相比于汉人袍服的阔袍身、宽袖子,也方便轻快许多。除了比较窄的腰身以外,满人的袍服腰间一般会束带。这样在野外的时候可以防寒保暖,而骑射狩猎劳作的时候则更加便捷。另外,在外出打猎的时候,可以便于携带一些简单的食物和生活用品。

Gōng tíng fú shì
6.2 宫廷服饰

清入关前皇室王宫贵族的衣服帽子都有规定,努尔哈赤"头戴着有三颗东珠的金佛暖帽",身着"秋香色的花缎子衣服",冬天穿"前胸吊貂皮,后背吊猞猁皮的皮端罩"。他规定诸贝勒^{bèi lè}和臣子一律穿一种有披肩领的朝衣以区别于一般平民。"披肩领"形如披肩,俗称"大领",是附加在朝服领口上的一种衣领,按规定,只有皇帝、皇后、王公大臣的朝服上才有"披肩领",这种穿戴用在隆重典礼的场合上。

进入辽沈地区后,努尔哈赤仿效明朝官员的补服制度^{bǔ fú zhì dù},制定了后金官员的补服制,规定:贝子穿四爪蟒子之补服,督堂、总兵官、副将穿麒麟补服,参将、游击穿狮补服,备御、千总穿带彪之补服。这种补服是前后带有补子的朝服。"补子"也叫"背胸",有圆形或方形。在"补子"上织绣固定的鸟兽纹样,作为文、武官职职别和品阶的标志。

努尔哈赤

二品文官补子

努尔哈赤还规定了各级官员的冠顶之制,要求各级官员用黄金打造帽顶,后来结合民族特点发展成为清代标志品级的"顶戴花翎^{dǐng dài huā líng}"。努尔哈赤规定:凡有爵位大臣,都戴金顶大凉帽;诸贝勒之侍卫,戴菊花顶凉帽;无职的护卫、随侍及良民,戴菊花顶的帽子;行围之兵,则戴小雨缨笠帽。这些规定,主要是为了区别贵贱等级,说明清代冠顶制的基本形成。

皇太极继位之后,于天聪六年(1932年)又更定和补充了衣冠制,使其差别更大,等级更鲜明。不仅对官员服装颜色和冠顶的质地做了严格的规定,甚至不许贝勒以下人穿黄缎及五爪龙服和黑狐大帽子。因为中国自隋文帝以来,黄色成了皇帝的专用色,龙形纹饰自古即为皇帝独占,所谓"五爪为龙,四爪为蟒"是以爪的多少来区别尊卑。显然,皇太极的这些规定无非是为了规范、固定和提高皇权的地位。另外,皇太极对贝勒、臣子和家眷衣服穿着的时间和场合也做出了规定:如诸贝勒在城中行走,须穿朝服,出外时才可穿便服。冬季入朝戴元狐大帽,在家可戴尖缨貂帽及貂鼠团帽;春秋入朝戴尖缨貂帽,夏日戴缀缨凉帽,穿缎靴。八家福晋如冬夏外出,须穿女朝衣,冬

五爪龙服

天戴尖缨貂帽,夏季戴尖缨凉帽。而平民百姓,则规定只穿布衣,不许穿缎子。

天聪七年正月(1633年),皇太极以国中"冠服不一,各任意办"制为由,又补充了入朝冠服,并规定:凡入朝时用披领,而平时用袍。自八大臣以下、庶人以上不戴尖缨帽,而改用冬戴缀缨圆皮帽,夏戴凉帽。黑狐大帽,系御赐者,入朝时可戴,平时禁止,凡大臣自制者,也决不准戴。缎靴,只有总兵官以下、旗长以上者在入朝时可穿,庶人一律不许穿靴子。御前侍卫及贝勒下护卫与新附蒙古不禁。

清朝官员

崇德元年五月(1636 年),皇太极在原努尔哈赤冠饰金顶的基础上,又对和硕亲王等人的冠顶、朝带规定进行了更定和增补。首先,上朝时,和硕亲王、多罗郡王、多罗贝勒及贝勒的冠顶饰东珠分别为八、七、六、五颗,前面金佛上东珠分别为四、三、二、一颗,后缀金花上饰东珠分别为三、二、一、一颗,上用宝石的顶式连托也分别为二、三、三、二节。和硕亲王、多罗郡王、多罗贝勒的金镶玉朝带上的四块方版上饰东珠四颗,贝勒则饰玛瑙四颗。其次,王、贝勒们的福晋也以帽顶大簪金佛顶圈上东珠的多少

东珠

来区别尊卑。如和硕亲王福晋的帽顶大簪金佛顶圈上东珠为八颗,而侧福晋每人为七颗;多罗郡王福晋东珠为七颗,侧福晋为六颗等等,以此类推。同时特别规定:不准用五分以上的东珠,大东珠只有皇帝、皇后、皇贵妃们戴饰。另外还规定,朝驾时超等公的冠顶为金顶,饰东珠一颗,金镶玉朝带;世袭公、固山额真、按班章京、六部大臣俱用金冠顶,饰各色宝石,圆四块版錾金花朝带;梅勒章京、摆牙喇纛章京用银镀金顶,饰水晶石,圆四块版契银镀金朝带;甲喇章京、摆牙喇甲喇章京、大部副大臣用镀金银顶,铁楞镀金朝带;牛录章京用四块圆版的铁镀金朝带;侍卫等冠顶饰蓝翎,用铁镀金两块版朝带。

值得注意的是,侍卫冠顶的蓝翎装饰,以后发展成赏花翎的制度。清朝的"顶戴花翎"是非常有名的,其中的"花翎",是指带有"目晕",俗称为"眼"的孔雀翎。皇太极时已把它作为一种表示荣誉的赏赐之物了。对宫中后妃的随侍妇女的冠顶规定道:国君福晋的随侍夫人等,戴镶红、蓝、青各色宝石的金顶,东宫、西宫福晋的随侍夫人戴镶白水晶的金顶,东宫偏妃、西宫偏妃的随侍夫人则戴白金顶,并视其有无官职而有进一步的区别。

6.3 民间服饰

Mín jiān fú shì

清代民间服饰的变化,是以新代旧的一种进步,是时代前进的产物,而且为中国服饰的现代化奠定了基础。如现代生活中流行的"中山装"是从马褂改进而来;在世界服装界享有盛名的中国旗袍,源于满族女性袍服;而坎肩则仍是当今中国社会流行的服装。

páo fú

旗袍

qí páo

17 世纪中叶,满族人在半耕半农的生活和频繁的征战中,逐步形成了一种宽腰身、直筒式的旗袍服装,当时,旗人无论男女老幼都穿,一般人穿的不过脚,只有姑娘出嫁时,才穿过脚的礼服。

衫、袍是满族服饰最具代表性的服装。这种袍式服装是清代男女老少、春夏秋冬都离不开的。它有单、夹、棉、皮之分,春、夏季穿用的称之为衫,秋、冬季穿用的称之为袍。旗袍,就是由满族妇女的长袍演变而来。由于满族人又称为"旗人",所以满族人的长袍被称为"旗袍"。

旗袍的基本样式很简单:立领、右大襟、窄袖、紧腰身、下

旗袍

摆开衩。旗袍是适应生活和生产环境而发展来的,它改变了一直以来中原服饰上衣下裳、宽袍大袖的服饰风格。它的最大优点就是适应满族骑射活动的需要。随着清朝社会的不断向前发展,旗袍的式样、装饰性、功能性也发生了变化。清初期袍、衫过膝盖,康熙中期,衣袍又渐短,而外套则渐加长。袍、衫在同治时期还比较宽大,袖子有一尺多宽,至甲午、庚子之后,变成极短极紧之腰身和窄袖的式样。

满族妇女的旗袍,很讲究装饰,在衣襟、领口、袖边等处,都要镶嵌几道花绦或"狗牙儿",而且以多镶为美,甚至在京城里还出现了"十八镶"的叫法。另外,妇女的旗袍还流行"大挽袖",袖长过手,在袖里的下半截,彩绣以各种与袖面不相同颜色的花纹,然后将它挽出来,显得十分别致、美观。清代男女穿旗袍时往往喜欢在上身加罩一件短的或者长至腰间的坎肩,其后更喜欢加短小而又绣花的坎肩。旗袍的开衩,入关后也有变化,从四开气变为两开衩,或者不开衩。四面开衩的旗袍后来被作为一种身份和地位的象征。

民间关于旗袍,还流传一个凄美的传说:在很久很久以前,在风光旖旎的镜泊湖边,住着一个叫黑妮的心灵手巧、美丽善良的姑娘。那时候满族女人穿的裙子都是宽宽大大的,走动拖拖拉拉的。黑妮是渔民的女儿,整日打鱼晒网,穿着这种宽大的衣服非常不方便。于是,她自己动手裁剪了一件连衣带裙的多扣长衫。这种长衫两侧开衩,下湖捕鱼时,可以将下摆撩起来,系在腰间。平时放下衣襟,又可作为裙子。黑妞的衣服一穿出来,镜泊湖边的妇女们纷纷效仿。有一年,当朝皇帝梦见先祖,先祖在梦里对他说:在遥远的北国故都,有一位穿十二绢锦袍的美丽姑娘,她就是皇上的娘娘。于是,皇帝醒来后马上派人去寻找。钦差大臣花了很长时间明察暗访,终于在河边遇上了黑妮。钦差大臣见黑妮不仅美丽绝伦,而且穿着那件秀丽典雅的锦绣长袍,就把她当成了娘娘带回了宫里。皇上见黑妮穿着长长的衣袍,又苗条又飘逸,远胜宫中那些后妃宫女,十分宠爱她,封黑妮为黑娘娘。其他宫中的女子也纷纷效仿黑妮的样子穿起了这种长袍。后来,黑娘娘被嫉妒她的妃子害死了,但是她创制的这种长袍却被满族妇女普遍接受,并渐渐取代了以往的传统服装,这种长袍,就是我们所了解的最初的旗袍。

这虽然是一个哀婉凄美的传说,但是它表明了旗袍是满族人在劳动之余创造的,既照顾到美观,又兼具实用价值,因此才为满族人民所接受,并成为一个民族的符号。

马褂

mǎ guà

马褂是我国古代北方游牧民族骑马狩猎的时候穿在长袍外面的一种短褂,既方便伸展,又能抵御风寒。现在许多满族人所穿的对襟小棉袄就是从马褂演变过来的。

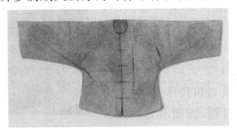

黄马褂

马褂分为大襟、对襟、琵琶襟等多种形式。清初,穿马褂仅限于八旗士兵。清入主中原以后,马褂逐渐由朴实无华的实用型向别致精美的装饰型转化。此时的马褂,已成为人们日常生活中所穿的常服。至康雍年间满族男子穿用马褂的习俗已盛行。马褂的颜色极为丰富,在众多的色彩中,属黄色马褂最尊贵,只有皇帝才能赏赐给臣下,天青、青色、石青三种颜色的马褂是男子在平时正规场合所穿的,带有礼节性,显得庄重。

135

坎肩 kǎn jiān

清朝时流行穿坎肩,应该说是入关以后,由于民族融合,受汉族衣着影响的结果。坎肩并不是满族原有的服装,是由汉族的"半臂"演变来的。据记载"半臂"的样式始于隋朝,当时很简单,就是无领、无袖、对襟。清代的坎肩一般都装有立领,长与腰齐,有对襟、大襟、琵琶襟、人字襟及一字襟几种款式。在清代,穿着坎肩是一种时尚,款式丰富、做工精美的坎肩,不管男女老幼、贫穷富贵均喜爱穿着。妇女穿的坎肩还要绣花镶边。人们不仅注重坎肩的实用性,同时也非常注重坎肩的装饰效果。他们在坎肩的边缘,用织金缎和各种宽窄、颜色、花纹不同的花绦镶边。尤其是女坎肩,镶边非常复杂、讲究,少则镶三道,多则镶五六道。坎肩有棉有夹,或丝或布,多套在袍子外面。有一种"巴图鲁"(满语勇士)坎肩在八旗子弟中很流行。后来有的加上两袖,被称为"鹰膀",更显英武。

坎肩

鞋 xié

在清代,汉族妇女仍穿着各种各样的弓鞋,而满族妇女则穿着用木制的平底或高底平头旗鞋,是满族妇女特有的鞋饰。旗鞋,从底上分有两种,一种为平底,一种为高底。平底鞋的鞋底厚度约为4至5厘米,前部高高翘起。此种平底鞋,多为方口,有夹、棉之分。平底鞋为家常鞋,鞋面的材料一般是用布或缎,色泽不一。鞋面上皆绣花卉图案,鞋前脸多绣"云头",其中最典型的要属为慈禧做的明黄色凤头鞋了。此鞋的鞋帮两侧,绣五彩缤纷的凤尾,鞋脸两侧绣光彩夺目的凤翅,鞋面正中则是绣凤强壮而美丽的身躯及高高仰起的颈和头。绣工精致,用色鲜艳协调,形象生动逼真,就像一只活灵活现的凤凰趴在鞋面上一样。

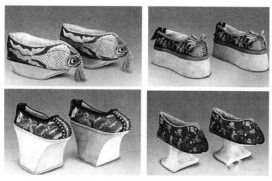

满族高底女鞋

136

高底鞋是清代最富民族特色的女鞋。其最大特点是在鞋底的中间，即脚心的部位有一个高十多厘米的底。这种高底按其形状可分为马蹄、花盆、元宝三种。安上马蹄底，就叫马蹄底鞋；安上花盆底，就叫花盆底鞋；安上元宝底，就叫元宝底鞋。鞋的名称是根据鞋底的形状而叫的。

靰鞡

清代满族百姓家的妇女平时所穿着的旗鞋为平底鞋，在结婚或节日等庆典活动时才穿着高底鞋。这种高底鞋的优点是可以增加身高，使人显得挺拔，也可以在雪地或泥泞处行走时保持鞋面绣花不受污损；缺点是行走时不太便利，所以清灭亡后，这种鞋在百姓生活中就消失了，但在现代的满族节日庆典中，它还作为满族传统服装的一部分用来展示。

满族的男人通常穿靴子，靴子有夹有棉，可用缎、绒布、革制作。按规定，官员穿方头靴，平民穿尖头靴，另有薄底快靴，俗称"爬山虎"，多为兵丁、武士所穿。男子出远门的时候多穿革靴，其形状似靰鞡，但靴腰高，冬季内有毡袜，轻便保温。"靰鞡"是男人在秋冬季穿的一种鞋，用猪、牛皮缝合而成，既轻便又暖和，适用于冬季狩猎。它是很有东北特点的满族服饰之一。

mào zi
帽子

满族传统的发式是剃去颅前的头发，而将脑后长发编成辫子，这是北方骑射民族为了避免骑马时前额散发遮挡视线而长期沿用的发式。清入关后，由于政权的高压力量，汉族人也被迫改为这种发式，并逐渐成为自然。清朝男子有戴冠的习俗，男子不分长幼，一年四季都要戴帽子。春秋季节，满族农民多戴"毡帽头"。帽呈罐状，左右两侧有帽耳朵，平时反折向上。有身份的人戴的是青绸缎"六合帽"，帽面以六块绸缎拼合而成，俗称六块瓦帽。帽下沿镶有绣边，前端钉有一块玉或翡翠，帽顶上有一个大红绊疙瘩。相传这种帽子最早始于

六合帽

明代初期，因其为六瓣缝合，取名"六合"，即天地四方"统一"之意。满族入关以后，受中原文化影响，也取其"六合统一"之意，开始戴用此帽，而且颇为流行。此外，入夏时，农家男子在劳动中戴用秫秸皮子编的草帽，既遮阳又可挡雨。冬季男人戴大耳扇皮帽子。耳扇多用羊、兔、狐狸等毛皮制成，忌用狗皮。

秋冬满族幼儿多戴猫头、虎头帽子，俗称吉祥帽。帽面多用不同颜色绸缎或布料，帽子上面刺绣猫、虎等动物脸谱，左右两侧上端钉有两个"动物耳朵"。帽分为夹、棉两种。

发冠

fà guàn
发冠

满族妇女幼年同男孩一样，多剃去头顶四周头发，只留颅后发，编成辫子垂于脑后，一直到成年才蓄发留辫。婚后开始绾大盆头、架子头、两把头等发髻，然后再将后面的余发绾成一个"燕尾式"的长扁髻。平时，发髻上横插长二三十厘米、宽二三厘米的被称为"大扁方"的头簪，喜庆吉日或接待贵客时便要戴上发

冠了。

发冠指的是一种发式，也称"旗头"。类似扇形，以铁丝或竹藤为帽架，用青素缎、青绒或青纱为面，蒙裹成长约 30 厘米、宽约 10 多厘米的扇形冠。佩戴时固定在发髻上即可。上面还常绣有图案、镶珠宝或插饰各种花朵、缀挂长长的缨穗。"旗头"多为满族上层妇女所用，一般民家女子结婚时才拿发冠做装饰。戴上这种宽长的发冠，限制了脖颈的扭动，使身体挺直，显得分外端庄稳重，适合隆重的场合。

Tè sè yǐn shí
7. 特色饮食

烹饪文化是我国博大精深的民族文化的一个重要组成部分。由于各地风俗的差异以及自然和生活环境不同,形成了许许多多地方菜肴,它们风貌品味各不相同,具有各自浓郁的地方特色。辽宁独特的自然环境和丰富多彩的动植物资源,再附之以民族食俗文化的交融和其他地区饮食文化的传入,逐步形成独具特色的辽宁饮食文化。辽菜以及辽宁各地的风味小吃,便是这一饮食文化的典型代表。

Liáo cài
7.1 辽菜

辽菜是辽宁菜系的简称,是辽宁饮食文化的概括,是继我国八大菜系之后兴起的一个新菜系。严格来说,辽菜并不能算是横空出世的第九大菜系,虽然成名较晚,但辽菜却有着悠久的历史,早在遥远的胡服骑射时代,就已经有了辽菜的雏形。辽阳出土的东汉一号墓中有庖厨壁画,二号汉魏墓画中有饮宴图;朝阳出土的东晋墓壁上有厨图,都说明秦汉魏晋时期辽宁的饮食水平已经发展到一定程度。北魏贾思勰所著的《齐民要术》中记述的

锅包肉

hú huì ròu　　hú gēng fǎ　　hú fàn fǎ
"胡烩肉""胡 羹 法""胡饭法",则在文献方面为辽菜的兴起提供了证据。

如今的辽菜是根据辽宁地区的民族特点、区域特点、饮食习惯、烹饪技法创建的一种具有辽宁地域特色的菜系文化,与辽宁人的生活、性格及生存环境有着密切的关系。辽宁地区在历史上因长期受辽代契丹族、金代女真族、元代蒙古族等少数民族的影响,少数民族的饮食文化曾经一度流行。到了明朝之后,随着王朝的更迭,汉族饮食文化又重新占据

běi zá yí lǔ
了主导地位。这些历史原因促成了辽宁饮食文化"北杂夷虏"的特色,形成了独特的北方菜系。至清代,努尔哈赤入主中原后,无论是在盛京(沈阳)还是在民间,满族的饮食文化一直作为辽宁地区最有影响力的饮食"雅"文化。同时,盛京作为东北地区的政治、经济中心,各种饮食荟萃于此,形成了饮食文化多元性的氛围。但由于它们的来源分散,尚不能形成一种较为权威的饮食文化力量,因而任何一种外来饮食都不能与当时的满族传统饮食文化相抗衡,许许多多满族饮食传统文化也因之被保留下来。到了 20 世纪初,辽菜吸取了宫廷菜、京鲁菜的传统技艺精华,同时融合了满、蒙、朝、

宫门献鱼

汉民族菜的特点和东北地区气候山水的优势,创造了菜品丰富、季节分明、口味浓郁、造型讲究的辽菜特色。尤其在当代名厨王甫亭、唐克明、刘国栋、徐子明、任淑芳等并称辽宁烹坛五位名师的努力下,最终形成和发展了辽菜菜系。

宫廷菜的精湛与考究、王府菜的名贵与品位、市肆的雅俗共赏(shì sì yǎ sú gòng shǎng)、民间菜的乡土醇厚,形成了辽菜的基本框架。其菜品大体可分为四类:一为宫廷菜,选料珍贵,工艺讲究。如"蟠桃猴手""宫门献鱼"等;二为王府菜,如"王府鸭""王府砂锅"等;三为市肆菜,上至海参席,下到锅包肉、溜三样、白肉血肠,还有令张学良将军拍案称奇的"四绝菜"(熘腰花、熘肝尖、煎丸子、熘黄菜)等,高中低档结合,是辽菜的主体;四为民间菜,原料易得,技法简单,多以炒、炖为主。如"小鸡炖蘑菇""渍菜粉炒肉""小葱拌豆腐"等。

辽菜的选料十分精细,特别注重地方特产原料的使用。在众多的辽菜菜谱中,有很多运用了当地的山珍海味,而且在制作野味和海味方面有很多独到之处。野味原料大部分选自黑龙江长白山特产;海味品选自渤海和黄海的鲍鱼、人参、大虾、元鱼等。做法上也不同于其他菜系,特别是海产品更区别于粤菜海鲜的烹饪技艺,更突出了原汁原味、口味清淡、咸鲜脆嫩、明快自然的风格,成为全国各大菜系精华中的北派海鲜。

辽菜受满族喜食野味的影响较大。人们擅长做味咸而不油腻的食物,如常见的满族民间家常菜片肘花、猪肉炖粉条、猪肉炖酸菜、猪肉炖冻豆腐、小鸡炖蘑菇、肉丝炒蕨菜、豆泥酸菜汤、白菜粉丝、鸡扒豆腐、醋溜白菜等。辽菜擅长扒、溜(bā liū shāo zhà huì)、烧、炸、烩等三十余种技法,操作上注重火候,讲究调味,菜肴的烹制嫩而不生、透而不老、烂而不柴、外脆内嫩、外酥内烂。炒作上注重火候,讲究调味,特别讲究酥烂入味。

辽菜作为中国饮食文化的一个重要组成部分,具有深厚的文化底蕴,是辽宁社会发展的历史见证,具有十分重要的历史、文化价值,其制作技艺体现了辽菜内在的科学价值,对饮食文化的传承和发展起到重要作用。

7.2 辽宁名小吃
Liáo níng míng xiǎo chī

辽宁的饮食文化积淀十分丰厚,在这个多民族聚居的省份,地方特色小吃丰富,其中很多特色小吃历史悠久,它们既是美味的事物,又是饮食文化的缩影,体现了各民族的风土人情。辽宁有很多传统的名小吃,如沈阳的老边饺子、李连贵熏肉大饼、马家烧麦等,在国内外都享有很高的声誉,这些传统小吃早已经成为沈阳的门面。

老边饺子
lǎo biān jiǎo zi

老边饺子创始于 1829 年,至今已有 180 多年的悠久历史。

说起老边饺子的历史,还需要回溯到清朝。一个叫边福的河北人听说东北这里的买卖比较好做,就来到东北谋求生活。他在小津桥一带搭了一个非常简易的小摊床,做起饺子生意来。边福做的饺子采用精选的新鲜肉和时令蔬菜,

老边饺子

恰到好处地搭配,皮薄馅大,现吃现做,很快受到附近菜行、鸟市生意人和老百姓的青睐。后来有了些积蓄,于是边福开了个门市,叫"老边饺子"。由于边福和妻子精明能干,老边饺子在小津桥一带逐渐有了名气。转眼间到了同治七年,饺子铺的生意传到了边福的儿子边德贵的手里。边德贵是个很有头脑的人,他不仅继承了父亲的好手艺,而且更加注重饺子制作的创新,他走访了东北好几座城市,摸索出一套有别于其他饺子制作方法的独家

秘方,创造出了汤 煸 馅饺子。这种饺子选材考究,三分肥肉七分瘦肉,熬制火候恰到好处,煸炒后的饺子馅保留了肉的肥嫩香软,口感滑而不腻。就这样,边德贵的生意一天比一天做得好。后来,老边饺子馆的第三代传人边霖将饺子馆迁到了当时沈阳最热闹的北市场,当时的北市场是有名的闹市区,是集商铺、文化、娱乐为一体的经贸中心。"老边饺子"迁到这里之后,成了沈阳城里众人皆知的美食,上至达官贵人,下至贫民百姓都喜欢到这里尝尝汤煸馅饺子。时至今日,老边饺子不但饮誉全国,而且驰名海外,成为外地客人到沈阳的一道不容错过的美食。

马家烧麦

烧麦是回族的传统食物,位于沈阳中街的"马家烧麦"创建于1796年,最早的掌柜名叫马春生。当年,马春生因为家境贫寒就在老沈阳城做起了烧麦生意。那时他推着独轮车走街串巷,边包边卖。由于他的选料精细,配方独特,吸引了很多人。到他的儿子马广元子承父业时,在小西门开设了两间简陋的店铺,开始了店铺经营,始称"马家烧麦"。

马家烧麦

马家烧麦的独到之处是:用开水烫面柔软筋道,用大米粉做补面松散不沾,选用牛身上肉质最精细的部位,包出来的烧麦形状像木鱼一样,皮面晶亮,馅心松散,鲜嫩醇香。据说当时美名传遍沈阳城,不管是贫民百姓还是 商 贾 名 流都喜欢在这儿吃上十几个烧麦、喝上一碗羊汤。

1876年,盛京将军左宝贵在小西门建造城墙时,位于城门下的"马家烧麦"需要动迁,当时如果迁到别处就会大大影响"马家烧麦"的生意。经过"马家烧麦"老板的再三恳求,

李连贵熏肉大饼

左大人同意"马家烧麦"在小西城门附近另盖了两间房子继续营业。所以"马家烧麦"至今能在沈阳老城营业还多亏了左大人呢!

李连贵熏肉大饼

创建于1842年的李连贵熏肉大饼也是驰名东北的风味美食。创始人李连贵在吉林省梨树县建立商号"兴盛厚",主要经营酱肉、大饼和酒类。为了争取更多的顾客,李连贵自己养猪,

qián cáo　yāo pái　yìng lèi
当猪长到150斤左右时就被宰杀,然后精选 前 槽、腰 排和硬 肋等部位的肉制成酱肉。由于李连贵酱肉味道鲜美、干净便宜,所以顾客一天比一天多,生意也越来越兴隆。后来,李连贵得老中医高品之指点,承袭了其祖传的中药熏肉秘方,熏出独特风味的酱肉,经过他不断地改进熟肉、大饼的制作工艺,在选肉、切肉、养汤、和面等各个环节潜心研究,终于制作出集美味与药膳为一体的佳肴。李连贵熏肉大饼不仅令人百吃不厌,还有暖胃、健脾、壮肾的功效,深受老百姓的欢迎。1937 年,李连贵的儿子李尧到四平市开设了分号。1950 年,李连贵的孙子李春生带着秘方和"老汤"来到了沈阳中街鼓楼西南角,开了一家李连贵熏肉大饼店,从此李连贵熏肉大饼远近闻名。

7.3　关 东 酒
Guān dōng jiǔ

　　中国是酒的故乡,也是酒文化的发源地之一。在古代,酒一直深受人们的喜爱,也形成了与之相关的饮酒习俗和典故。在历史的变迁中,中国各地都酿造出了具有地方特色,反映当地风土人情的名酒,不同地域和不同民族的酒礼酒俗,构造出一个博 大 精 深 的名酒王国。
bó dà jīng shēn

敬 酒、罚 酒
jìng jiǔ　　fá jiǔ

　　在中国,从古至今的酒宴上似乎形成了一种传统的饮酒习俗,即主人在酒宴开始的时候向宾客敬酒三杯,而迟来的人要受罚三杯。那么敬酒、罚酒何以为"三杯"? 其实源于自古以来人们对于数字"三"的一种特殊理解。

　　我们的祖先认为"三"是最圆满的数字。《史记·律书》中说:"数始于一,终于十,成于三。"在民间谚语里也有"三 个 臭 皮 匠 ,顶 个 诸 葛 亮 "这样的说法。再如,在礼俗中,人们为了表示尊敬要鞠躬三下。可见"三"在中国人的心中有着特殊的位置。其实"三"还包含着中华民族的哲学内涵,在远古的时候,我们的祖先最早只有"一"和"二"这两个数字,"三"的概念是在经过长期的认识和思辨过程中才产生的。《老子》说:"道 生一、一 生 二、三 生 万 物 "。孔子的《论语》里说:"吾 日 三 省 吾 身""三 思 而 后行 "等。可见道家和儒家都十分强调这个"三"。从中不难看出,其实这个"三"并不只是单纯数量上的"三",而是一种思辨的优选法。因此,按照这种思维方式,在我国各民族的饮酒习俗中,也就有了"敬酒三杯""罚酒三杯"的劝酒方式。而这个"三"也就含有圆满之意了。

酒令
jiǔ lìng

　　在中国,有"无 酒 不 成 席 "的传统,这表明酒和人们的生活有着密不可分的关系。饮酒行令,是件很有趣味的事儿,可以调节宴会气氛,增添乐趣。
wú jiǔ bù chéng xí

142

酒令，即饮酒助兴取乐的一种游戏。古时候，酒宴上大家会推选一个人为令官，其他的人听令官说诗词或做其他游戏，输了的人要受到惩罚。这种习俗始于唐代，这和当时诗歌繁荣有很大关系。唐代以后，历代沿袭并发展了这一习俗，从而形成了五彩缤纷的酒令和饮酒行令的方式，如筹令、绕口令、诗令、谜语令、改字令、典故令、花枝令、行令、骨牌令、划拳等。其中，筹令，是用竹、木、骨头或象牙制成的签状筹码，人们在上面刻上经书、故事或诗、词、曲成名句，再刻上要求什么样的人饮酒，或以什么动作饮酒，把这些筹码放在一个筒中，称为"酒 筹（jiǔ chóu）"。行令时，由令官抽筹，或在席者轮流抽筹。如抽出刻有"人面桃花相映红"诗句的筹码时，要求在席的红脸人饮一杯；抽出"人 面 不 知 何 处 去（rén miàn bù zhī hé chù qù）"诗句的筹

酒筹筒

码时，要求大胡子饮酒；抽出"世 事 回 环 不 可 测（shì shì huí huán bù kě cè）"诗句的筹码时，抽签者就以"不可测"的态度，突然指定一人饮酒。使用这种酒筹行令，谁喝酒，谁不喝酒，个人毫无主动权，只能

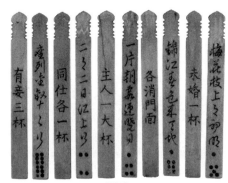

酒筹

凭运气。有的酒筹上也刻着古代名人故事，如抽到"王 羲 之 坦 腹 东 床（wáng xī zhī tǎn fù dōng chuáng）"，没结婚的人喝一杯；抽到"廉 将 军 一 饭 三 遗 矢（lián jiāng jūn yī fàn sān yí shǐ）"，离席的人喝一杯。行这类酒令能增长人的文学知识，开阔人的文化眼界。

花枝令，用花一朵，也可用其他小物件如手帕等代替。令官蒙上眼将花传给旁座一人，然后依次按照顺序传递，当令官喊停的时候，持花未传出的一人罚酒。这个罚酒者就有权充当下一轮的令官。也有用鼓声伴奏的，称"击鼓传花令"。令官手拿花枝，让一个人在屏风后击鼓、座客依次传递花枝，鼓声止而花枝在手的人喝一杯。

总之，酒令是我国十分古老的、独特的酒文化，它既是一种娱乐活动，又可以说是在饮酒中的文学艺术创作。由于它有雅有俗，形式可以随着不同的场合而有多种变化，所以受到人们广泛欢迎。

历史上的饮酒轶事（lì shǐ shàng de yǐn jiǔ yì shì）

酒，历来就是中国饮食文化不可或缺的一部分。自从酒出现以来，无论普通百姓、文人雅士以及达官贵人都与酒结下了不解之缘，这其中还发生了不少与酒有关的轶事。

曹操煮酒论英雄（cáo cāo zhǔ jiǔ lùn yīng xióng）

东汉末年，曹操挟天子以令诸侯，势力很大。刘备虽贵为皇叔，却势单力薄，为防曹操谋害，不得不在住处后园种菜，亲自浇灌，以为韬光养晦之计。

一天，刘备正在浇菜，曹操为了试探刘备，突然将他请到曹府。曹操不动声色地对刘

备说："大夫在家做得大好事！"说者有意，听者有心，这句话将刘备吓得面如土色，曹操又转口说："你学种菜，不容易。"这才使刘备稍稍放下心来。曹操又说："刚才看见园内枝头上的梅子青青的，想起以前一件往事（即"望梅止渴"），今天见到此梅，不可不吃，正好酒马上就要煮熟了，所以邀将军到小亭一会。"刘备听后不好推辞，就随着曹操来到小亭，只见石桌上已经摆好了各种酒，盘内放置了青梅，于是曹操就将青梅放在酒樽中煮起酒来。二人对坐，开怀畅饮。酒至半酣，突然阴云密布，大雨将至，曹

操大谈龙的品行，又将龙比作当世英雄，请刘备说出当世英雄是谁，刘备装作胸无大志的样子，说了几个人，都被曹操否定了。

曹操此时正想试探刘备，看他是否想要称雄于世，于是说："凡是成为英雄的人，都有伟大的志向，胸中蕴藏着精良计谋，他们都是具有能够容得下宇宙的胸怀，吞吐天地的志气的人。"刘备问："那谁是当世的英雄呢？"曹操单刀直入地说："当今天下英雄，只有你和我两个！"刘备一听，吃了一惊，手中拿的筷子不知不觉地掉在地上。正巧突然下大雨，雷声大作，刘备灵机一动，从容地低下身子拾起筷子，说是因为害怕打雷，才掉了筷子。曹操此时才放心地说："大丈夫也怕雷吗？"刘备说："圣人对迅雷烈风也会失态，我还能不怕吗？"刘备经过这样的掩饰，使曹操认为他是个胸无大志、胆小如鼠的庸人，曹操从此再也不怀疑刘备了。

宋太祖杯酒释兵权
sòng tài zǔ bēi jiǔ shì bīng quán

宋太祖赵匡胤依靠自己所掌握的禁军大权，轻而易举地完成了改朝换代，为赵姓家族夺取了天下。赵匡胤从自己黄袍披身的经历之中，深知掌握禁军兵权对巩固政权的重要性，因此，宋朝一建立，他就吸取后周亡国的教训，加强对禁军的控制，并迅速取消了殿前都点检的官职，从此不再设置此职。

赵匡胤登基为宋太祖后，为了嘉奖参与及支持陈桥驿兵变的禁军将领，特升任慕容延钊为殿前都点检，高怀德为殿前副都点检，韩令坤任侍卫马步军都指挥使，石守信为侍卫马步军副指挥使等。公元961年，即赵匡胤登基当了皇帝的第二年，他见政局已经控制，赵姓宋王朝正如旭日东升，于是决心解除这些禁军重要将领的兵权。这年三月，赵匡胤解

除慕容延钊与韩令坤等人的禁军主帅职务，宣布殿前都检点一职不再设置，让这些禁军主帅到外地当节度使。因为石守信是自己的拜把兄弟，就让其接替韩令坤任侍卫马步军都指挥使。此后，宰相赵普多次向赵匡胤提出不应该让石守信等长期掌握禁军的人继续留任，宋太祖起初并不介意，后来赵普对他说，如果石守信的部下有人作孽，拥戴他们，仿效陈桥驿兵变，将黄袍披到

他的身上,这时,石守信还会忠于赵氏家族吗?此话使宋太祖不寒而栗,遂下决心彻底解决禁军将领的兵权问题。

144

进一步收禁军兵权由赵普出谋画策,待一切安排好后,于公元961年七月初九的晚朝时,赵匡胤把石守信等禁军宿将留下来喝酒。当酒兴正浓的时候,赵匡胤突然屏退侍从,长长地叹了一口气,对石守信等人说:"我如果不是靠你们出力,得不到宝座的。但是,你们是不知道当皇帝是多么的艰难呀?我自从做了皇帝后,每夜不是睡不着觉,就是睡觉了做恶梦,实在不如做节度使快乐。"石守信等人忙问为什么?赵匡胤说:"这是非常清楚的,我这个皇帝的位置,谁不想要呢?"石守信等人听了,知道此话中有话,都慌忙离席下跪说:"陛下何出此言!今天天命已经确定了,谁还敢有异心呢?"赵匡胤马上说:"话可不能这么说,你们虽然没有异心,然而,你们的部下就难保没有异心了。他们想富贵,一旦以黄袍加在你们身上,你们虽然不想当皇帝,能够办得到吗?"一席话,使在席将领知道已经受到猜疑,弄不好就有杀身之祸,一时都惊慌得哭泣起来,要求宋太祖指明一条"可生之途"。赵匡胤于是缓和了口气,开导众将领说:"人生在世如白驹之过隙,只是短暂的一瞬间。所以贪求富贵的人,不过是想多积金钱,多娱乐,使子孙免致贫乏而已。你们不如释去兵权,到地方去,多置买良田美宅,为子孙立下永远不可动的产业。自己也可多买些歌儿舞女,日夜饮酒相欢,以终天年。我赵氏宗室也同你们结为婚姻,君臣之间,两无猜疑,两下相安,不亦善乎!"很是明了,这是用经济手段来换取兵权,这样的条件,在当时的情况下是能够使将领们接受的。石守信等人见宋太祖的话已经说得这样明白,丝毫不留存回旋余地,加之当时宋太祖的权威如旭日中天,不可动摇,于是只得俯首听命。第二天,石守信、高怀德、王审琦、张令铎、赵彦徽等人都上表说自己有病,要求解除兵权。宋太祖欣然同意,这就是历史上著名的"杯酒释兵权"。

宫廷御酒——老龙口酒

gōng tíng yù jiǔ　　　lǎo lóng kǒu jiǔ

"老龙口"始建于康熙元年(1662年),至今已有353年的悠久历史。当初是由一个山西叫孟子敬的人创办的。康熙年间,山西地区连年遭受旱灾,孟子敬将家中产业卖掉,带着银子和家眷来到关东,投奔在盛京城做小生意的同乡张乐山。在张乐山的帮助下,孟子敬又筹措了一些资金,在小东门外的校军场附近临街的地方建起了一座烧酒厂。因其位于当时清朝陪都盛京(沈阳)城的东口,故称"老龙口"。厂内有一口古井,非常有灵气,水质清澈甘甜,而且水源丰沛,人们都称井里的水为"龙潭水"。由于这眼井水源好,再加上孟子敬家传有独到的酿酒工艺,所以用龙潭水酿造的白酒醇香浓郁,回味悠长。渐渐地,老龙口酒在盛京城有了名声,生意越做越兴旺。清初,老龙口酒就曾经作为"宫廷御酒"向皇帝进贡,这种大清贡酒还被称为"爱新觉罗酒"。该酒不但畅销盛京,并且远销南洋一带,几百年来在国内外享有较高的声誉。

"老龙口"目前拥有东北建造最早、规模最大、保存最完整、连续烧酒时间最长的老窖池群。这个酒窖群从清初建成至今一直在使用,从未间断。历尽三百多年的沧桑,虽然几经易主,可酿造的传统却一直被继承和发扬下来。"老龙口"在原地、原池酿酒,这在东北地区绝无仅有,即使在全国也比较罕见,被称为"关东第一窖"。

老龙口酒厂

斗转星移,历经3个世纪的老龙口已经以机械化生产代替了手工操作,形成了白酒、营养滋补酒、烹饪佐料酒、果酒四大系列,五十多个品种,可谓南有"茅台",北有"老龙口",并多次荣获国内、国际酒类大奖。

近年来,又建立了"沈阳老龙口酒博物馆",内分"酒文化展区"和"酿酒老作坊展区",收藏了大量历史文物,如19世纪末老龙口盛酒窖器酒海残片、老商标及生动再现了中国传统酿酒的工艺流程及古老酿酒之实物,使三百多年的老字号"老龙口"又展现在人们的眼前。

Gǔ pǔ hūn sú
8. 古朴婚俗

满族的婚姻习俗,一方面承袭了其历代先世的某些旧有习俗,另一方面由于社会的发展及受特定历史因素的影响,特别是入主中原以后,受到汉族高度封建文化的影响,其婚姻制度也发生了很大变化,形成了以民族融合为特色的婚姻习俗。但是,尽管汉化的程度越来越深,在满族的婚姻习俗中,仍然保留着一些满族婚姻习俗的民族特色。

Mǎn zú de hūn yīn xí sú
8.1 满族的婚姻习俗

提起满族的婚俗,得从一个满族神话故事说起:相传仙女佛库伦有一天在天池沐浴,突然飞来一只口衔朱果的喜鹊不断地在佛库伦头上盘旋。佛库伦举起手来想把它赶走,只见那只喜鹊却突然丢下口中朱果,正好落入她的手中。那颗朱果看起来很好吃,佛库伦禁不住诱惑就把它吞了下去。佛库伦沐浴之后,上岸的时候突然觉得肚子有下坠的感觉,于是她意识到自己怀孕了。她的身体变得沉重了,无法飞回到天上,于是佛库伦就只能留在长白山了。不久,她生下了一个男孩,姓爱新觉罗,他就是传说中满族的始祖布库里雍顺。虽然只是个传说,但却是母系氏族社会的真实写照,也反映了当时满族的先人的婚姻关系是混乱的。

hùn luàn de qún hūn shí dài
混乱的群婚时代

人类诞生的初期,男女之间的两性关系在相当长的一段时间内仍然与动物相似,一直延续着那种毫无约束和限制的杂乱状态,可以说此时的两性关系仍然属于一种动物的本能,因而这一时期被学者们称为"乱婚"时期。当人类形成了部落内部以年龄为条件、具有血缘关系的婚姻,即所谓的"血缘婚"时,婚姻习俗逐渐产生。后来,同一群体之内具有血缘联系的婚姻关系也被禁止,从而形成了"族外婚"的习俗。族外群婚虽然排除了早期氏族内部混乱的群婚关系,但是仍没有使群婚时代得以结束。子女只知道谁是自己的母亲,不知道谁是自己的父亲,甚至连子女的母亲自己也说不准子女的父亲是谁。后来到了南

wù jí rén
北朝,满族先人进入勿吉人时期,社会制度也从母系社会转入父系社会。婚姻关系也随

duì ǒu hūn qiǎng hūn
之改变,在经历了对偶婚、抢婚等一系列婚姻形态之后,一夫一妻制才被确立下来并成为一种制度,有关男女婚嫁的风俗习惯也逐渐复杂起来。

mǎn zú de shōu jì hūn
满族的收继婚

在满族入关以前,其婚姻形式主要以"收继婚"为主,实行的是一夫多妻制。而入主中原之后,在与汉族地不断接触的过程中,满族逐渐接受并采用汉族的很多习俗习惯,这一

点在入关前后满族婚俗的变化上体现得十分明显。

"收继婚"指的是丈夫死了之后,寡妇由族中子侄或兄弟收继为妻的习俗,儿子收继母或父妾为己妻称为"烝^{zhēng}",收娶兄弟之妻为"报",也称为"寡妇内嫁制"。收继婚在满族早期非常盛行。那时女性"从一而终"的贞节观念在满族早期还没有出现,改嫁是完全被认可的。而同族之内的婚嫁也不受到限制,甚至可以说是司空见惯^{sī kōng jiàn guàn}的事情。

从皇太极开始,收继婚被禁止。皇太极受到汉族儒家礼教的影响,认为娶自己亲族中妇女是不道德的行为。因而,皇太极极力禁止收继婚,在他即位后的第五年便颁布诏令严惩同族嫁娶。《大清律》也明文规定禁止收继婚,满族早期的收继婚俗在入关之后基本禁绝。

 ## 从一夫多妻制到一夫一妻制的转变 ^{cóng yì fū duō qī zhì dào yì fū yì qī zhì de zhuǎn biàn}

在满族入主中原以前,"一夫多妻"是一种普遍的现象。从各种资料来看,满族早期一夫多妻产生的主要原因是收继婚。当一个女子嫁入某个家庭之后,由于收继婚的规定而只能在族内改嫁,这就必然会导致一夫多妻的结果。满族早期所实行的一夫多妻制在社会中曾得到广泛的认可,其最主要的目的是为了繁衍更多的后代。同时,这种婚姻现象也与经济生活情况紧密相连,一个男人能够娶几个妻子是由他的经济情况决定的。如果拥有足够的财力,男子就可以多娶妻子,这是男子炫耀财力的方式之一,而且多娶妻子还可以为家庭增加劳动人口,减轻家庭中妇女的繁重劳动。

满族的一夫一妻多妾制是在入关后受到汉族封建宗法制度的影响而逐渐建立起来的。在汉族的宗法社会中,实行的是等级严格的一夫一妻多妾制,即所娶的女子中只能有一个是"妻",其余的都称为"妾"。妻与妾在礼制、法制上的地位身份都有非常严格的区分:妻是主人,她的子女属于"嫡出";而妾在身份上是奴,她的子女则属于"庶出"。在满族实行的一夫多妻制中,男子所娶的众多女子都是妻,不存在汉族妻与妾之间的主、奴之分。汉族的一夫一妻多妾制以严格的宗法制度为基础,满族与之相比就没有那么多的礼法束缚。

由于同汉族文化地不断融合,受汉族婚姻观念的影响,满族家庭从崇德年间开始,就已逐渐向汉族的一夫一妻多妾制转化。清朝入关后,沿袭明朝例律,严格禁止"有妻更娶妻"。满族还遵循汉族传统,不准妻妾之间互相逾越礼制。此后,满族家庭与汉人传统家庭日益接近,家庭中的等级制度逐渐确立。

8.2 满族的婚姻礼仪 ^{Mǎn zú de hūn yīn lǐ yí}

在相当长的时间中,满族一直靠捕鱼狩猎维持生计,社会发展缓慢,文化仍然十分原始。清代初期,满族的婚嫁礼仪一直保持着原有的朴素风格,直到入关以后,受到汉族文化的熏陶及影响,其嫁娶仪式才逐渐复杂起来,融入了很多汉族的婚俗。满族婚嫁仪式的过程大致如下:

打听亲事
dǎ tìng qīn shì

满族早期的婚姻缔结，多是父母为子女做主的，子女到 10 岁之后就可以谈论婚事了。所选择的结亲之家多为彼此熟识的，也有通过亲友介绍的，形式不一。在没有确定地成婚人选之前，一般会四处打听年龄合适、门第相当并且没有婚约的人家，希望找到比较匹配的人选。在 甄 选（*zhēn xuǎn*）的所有条件中，满族人最注重门 第（*mén dì*），尤其是军功。

说亲
shuō qīn

打听到合适的成婚人选之后，男方会请媒人去相中的女方家说亲。媒人一般都是亲友当中具有较高身份或地位的人。有时，在男女两家家长达成结亲意愿之后，为表示隆重之意，也会特意再请某人做媒，前去说亲。媒人去女方家说亲的时候，每次都要送一瓶酒作为礼物，以表诚意，先后要去三次，这就是俗话所说的"成不成，三瓶酒"。如果女方家长同意，就可以互换门贴。所谓"门贴"即是一张红纸，上面写着当婚者所属族籍、家中三代的功名、职业、年龄、属相、生辰八字等。门贴通过媒人互换后，请算命先生看看当婚两人是否相克、犯相。如果合适，就可以进行下一步，否则就此作罢。

下定礼
xià dìng lǐ

下定礼，也叫做"放小定"，这是男女两家正式缔结姻亲的开始。经过媒人说亲，男女两家同意结亲之后，男家需要准备较为贵重的物品，如戒指、钗 钏（*chāi chuàn*）、如意等，送给女家作为定礼，称为"小定"。在放小定的当天，男方家需邀请家中亲友与订婚的男子共同前往女家，女家也在这一天邀请亲友接待。下定礼时，订婚的男子先向女家供奉的神佛祖先以及女方长辈叩头行礼，俗称"磕 头（*kē tóu*）"。同时男家女眷为订婚的女子戴上赠送的金银首饰，俗称"插 戴（*chā dài*）"。放小定之后，男女双方不许见面往来，女子需做针凿之物，以备婚后赠送亲友；男子不必等到正式成亲，每年除夕之日都必须到岳父家辞岁。

下大礼
xià dà lǐ

大礼，也叫做"放大定"，即男家到女家下聘礼。聘礼的种类、多少依地位、贫富而异。一般有鞍马、猪羊、钱财、首饰等。聘礼供于祖先案前，订婚男女双方并跪，斟酒祭祖，称为"换 盅（*huàn zhōng*）"。与汉族最大的不同在于，男家所送的聘礼中必须有一口活猪，以供女家为出嫁事宜祭祖之用。

送嫁妆
sòng jià zhuāng

婚期前一日或九日，女方要将嫁妆放置在铺有红毡的高桌上，抬送到男方家中，陈列于门前，俗称"过 箱 柜（*guò xiāng guì*）"。嫁妆送到之后，男子需骑马去女方家致谢。根据满洲习俗，女方亲友要帮忙置办嫁妆，也就是所说的"添 箱（*tiān xiāng*）"或称"助 妆（*zhù zhuāng*）"。添箱一般在男方过礼当天进行，也有些地方在女方临嫁前数日举行。

jié qīn
结亲

结亲主要是指举行婚礼的过程。满族旧式婚礼分三日举行，即所谓"头日迎妆，二日娶亲，三日会亲"。第一日为男女两家做嫁娶前准备。男方家中要提前为新人布置洞房，洞房陈设好之后，要整晚奏乐，俗称"响房（xiǎng fáng）"。新娘则由送亲婆及兄长陪同离家，到事先借好的离新郎家不远的寓所去住，俗称"打下处（dǎ xià chù）"。临行前，新娘要向祖先及佛托妈妈（fó tuō）（保佑子孙繁衍、人口平安的女神）叩拜。

第二日为正式嫁娶仪式。根据选定的吉时，新娘坐大红毡轿，由兄长护送至男家。路途中的井、石、庙、墓等，都要用红毡遮盖，俗称"避煞神（bì shà shén）"。与此同时，新郎骑马率迎亲轿车及迎亲客相迎。迎亲车与送亲车行至途中相遇，新娘由兄长抱到迎亲车上，俗称"插车（chā chē）"。新娘花轿至男家门前，新郎要对轿虚射三箭，以驱煞神，俗称"射三箭"。新娘下轿，跨过放置在门前的马鞍或火盆，至天地桌前，新人面北而拜，俗称"拜北斗（bài běi dǒu）"。新娘再来到院中临时搭建的帐篷前，新

郎用长杆或马鞭将其盖在头上的红巾挑下，放置在帐篷顶端，再递给新娘两樽锡壶，里面盛满米和钱，新娘将锡壶抱在怀中，俗称"抱宝瓶（bào bǎo píng）"。然后，新娘坐在帐篷中的床上，面朝合婚时定好的吉利的方向，俗称"坐福（zuò fú）"或"坐帐（zuò zhàng）"。这日中午，还要在院中设神桌，供奉猪肘一方、酒三盅，让新郎新娘和萨满（宗教的祭祀）面朝南跪在神桌前，用满语唱三段合卺歌（hé jǐn gē），以求子孙兴旺、白头到老。每唱一段，要用尖刀割下一片肉抛向空中，把酒泼在地上，俗称"撇盏（piě zhǎn）"或"撒酒祭天"。新人在接受萨满的祝福之后回到新房，由全科人（父母子女俱在的人）斟满两杯酒，新人各饮一口，然后互换酒杯，再饮一口，即为"合卺礼"。寓意夫妻双方互相合宜，合卺礼后，吃子孙饽饽及长寿面，以求多子多孙、长长久久。

第三日以新妇与婆家亲友见礼为主。这天的黎明，男方家的大嫂要抱一捆长约一尺，粗细均匀的桃木杆，用红线绳捆得整整齐齐交给新娘出新房，这叫"抱柴（bào chái）"，寓意不忘勤劳。先到厨房拜灶王，然后去叩拜祖宗牌位、宗族长辈和父母，还要向伯、叔、婶母、姑、兄、妹行叩头礼，叫做"分大小"。此外，满族还有

"开箱"的习俗,也称"亮 箱",即把陪送新娘的东西散开给亲戚看。

liàng xiāng

guī níng
归宁

婚后三天或七天,新郎新娘要去女方家拜望女方

家长,叫做"归宁",俗称"回门"。新娘回门的头一天,
女方家中总要让兄弟子侄去男方家邀请。新人到达女
方家时,女方全家及亲友都要到院子里迎接。新郎新
娘先到祠堂拜祖,行三叩首礼,然后给新娘父母行三叩
首礼。

在满族旧俗中,婚后一个月,新娘可以回家住一个
月。女方要派新娘的嫂子或弟妇到男方家中,向新娘的婆婆请示让新娘回娘家住几天,新
郎并不同行。但在新娘回婆家的头一天,新郎要到新娘家吃饭,并在第二日带着新娘回婆
家。至此,喜事基本就结束了。

满族的婚嫁虽然因地域辽阔,习俗不同,但是随着历史的发展,也在逐渐演进。到了
清朝中末期,全东北的婚俗基本上大同小异了。

Mǎn zú hūn sú tè lì
8.3 满族婚俗特例

满族长期生活在白山黑水之间,特殊的地理环境孕育了满族人特别的风俗习惯。居
住在山林、水边的满族人,婚礼仪式与大自然浑然相融,流传下来很多特别的民间婚俗,如
水上婚、林中婚、夜婚等。

shuǐ shàng hūn
水 上 婚

乌苏里江、黑龙江江边居住的满族居民,他们的求偶方式相当的自由,偶然遇见一起
唱歌或者一场小小的搏斗都可能会促成定亲。如果双方情投意合,男的给女的插上洁白
的天鹅毛、雪亮的鸡翎或者五彩野花。不管插什么,中间那朵必须是白的。因为在萨满教
观念中,唯有白色是日月星辰的本色,是最富有生命力的、年轻的颜色。两人自主定情后,
便可发生最亲密的关系。如果怀孕,则被认为是喜事,可以带着小孩来参加正式的婚礼。
婚礼在江畔举行,族人们在水边庆祝之后,一对新人便驾着小船到一个僻静的水湾,过他
们幸福的洞房之夜。在船上要住上几天才回家。此外,他们还会在进行水上婚的水湾岸
边的树上挂一个美丽的花环,如果有人经过,只要看见花环就会绕道而行。

lín zhōng hūn
林 中 婚

满族在树林中举行的婚礼,即"林中婚"。举行婚礼时,迎亲、送亲的队伍是两支强悍
的马队,这是与满族的游牧生活密切相关的,满族人对马情有独钟。双方马队见面后,新
郎要去"抢"新娘,两支马队激烈地"打"起来。在"打"的过程中,新娘尽情地嬉戏与考验新
郎。虽然新娘的骑马技术也很高超,但在最后,新娘总会被新郎"抢"走。在满族这种古老

的婚礼中,新娘对新郎的考验也往往别出心裁,常常会出各种难题,比如让新郎找出躲藏在水洞中的水獭;在众多的人造鹊窝中找到新娘或者他们的信物;和新娘家族中的巴图鲁(勇士)比箭法等。在这种自主择偶的婚俗中,满族女子的感情显得单纯而豪放,这是由于在当时没有过多地受汉族礼教观念的影响。

夜婚 yè hūn

夜婚,就是在晚上举行的婚礼。自从清朝建国后到清末,满族的婚礼一律在晚间举办。在当时,满族人非常忌讳在白天结婚,他们认为假如在天亮前娶不回媳妇是不吉利的,所以婚礼一般从晚上开始,到次日凌晨。夜婚的程序有响房、射三箭、跨火盆、坐帐等,这些婚礼细节不同程度地打上了满族抢婚的烙印。其实,早在一千多年前,靺鞨(满族的 mò hé 先祖)就有盗新妇的历史。盗新妇即抢婚,它是脱离了群婚制,向对偶婚过渡的一个划时代的进程。那时,美好的婚姻是靠着真刀实枪的暴力行为来实现的。抢亲通常在夜间进行,善骑射的男子看中了某部落的姑娘,结伴去抢,遇到反抗,就频频射箭,直到把姑娘抢上马背,蒙住姑娘的双眼,胜利而归。后来,随着文明的进步,抢婚遗习渐渐淡化,原来真刀实枪的抢媳妇的行为,变成了一种仪式化的形式。

不管是水上婚礼、林中婚礼还是夜婚,每种婚礼都有特别之处:水上婚与林中婚的特别在于婚礼的举办地点比较特殊;夜婚的特别在于婚礼的举办时间比较特殊。在特殊的历史环境中,这些特殊的结婚方式充满了民族特色,与满族人的信仰、性格、生活习惯密不可分。满族是个豪放善战的民族,满族的女子没有江南女子的细腻,却有着女性独特的魅力,择偶自由、婚礼的自由,这种看似不羁的举动,与满族的文化交相辉映。

Jū zhù xí sú
9. 居住习俗

满族人长期生活在白山黑水之间,形成了自己独特的民族文化和居住特点,在民间一直流行着这样的一句顺口溜"口袋房,万字炕,窗户纸糊在外,烟囱出在地上",生动而形象地概括了满族传统民居特有的建筑和布局特色。

Kǒu dai fáng
9.1 口袋房

满族民居随着社会的发展,逐渐形成了自己民族的特点,其中满族民居中最具有代表性的满族文化元素就是"口袋房"。传统的满族民居一般是三间或五间,如果是三间房,多在最东面一间南侧开门;如果是五间房,多在东起第二间开门。整座房屋像一个口袋,所以叫"口袋房"。这种房屋的建筑格局是满族的先民为了适应北方地区的严寒气候,抵御冬季风雪,保持室内温度而创造的。

口袋房进门的一间是灶屋,南北两面对称各有两个灶台,这里便是人们烧火做饭的地方。在灶屋中间一般还会有个圆形的磨盘用于研磨豆子、花生、小麦等农作物。通常还会放置一口缸,用于盛水或者腌制酸菜。西侧居室一般是两间或三间相连称为"西上屋",东边的卧室称为"东下屋",两面房间东西墙都开门,又被称为"对面屋"。满族有"以西为贵"的习俗,西上屋

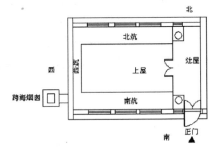

口袋房平面图

一般给家中年长的长辈或者客人居住,东下屋则是晚辈居住。口袋房具有很好的防寒性和透气性,厨房作为入室前的缓冲空间,保证了东、西上屋的室内温度,即使是冰冻三尺的寒冬,屋内也十分温暖;各间屋相互连通,扩大了室内的使用面积,南北面墙上开着窗口,夏天时南北通透,通风效果好。沈阳故宫的清宁宫,是三百多年前清太宗皇太极的卧室和家祭的场所,清宁宫五间房的屋门不是开在正中一间,而是开在东侧第二间,加上室内西侧四间没有墙壁隔开,就像一个开口的口袋,是一座典型的满族口袋房。

口袋房

民间歌谣中还曾提到"娃娃悠车悬梁上","悠车"就是现在的摇篮,以前女真族的大人们外出打猎,家中无人照顾小孩,把孩子独自放在家中又怕被野兽叼走,放在火炕上又容易上火,所以他们就发明了悬挂在房梁上的"摇篮"。悠车外形像小船一样,四角装着铁环,用皮绳穿过铁环,悬挂在炕上方的"子孙椽"上。摇篮周围有网状的保护,悠车顶上会系一些小玩具,供孩

子玩耍。悠车的发明既是民族风俗的体现，也是满族人民勤劳智慧的结晶。大人们可以把孩子放在家中出去劳作打猎，又可以解放一只手去干活，一边悠孩子睡觉一边做家务。这种"养个孩子吊起来"的方法既能充分利用室内空间，又能解放母亲劳动力，非常科学。

清宁宫

悠车

9.2　万字炕
Wàn zì kàng

满族人生活在关外，文化和生活习俗与汉族人存在着很多方面的差异，而自然条件的不同，又为他们提供了因地制宜、因材致用的机遇。东北冬天寒冷的生存环境使他们在房屋建筑中创造出了独具特色的采暖方式——火炕。

火炕其实并非是满族人发明的。在北方的汉族居民中很早就有使用火炕的记载，但是满族人在使用火炕的过程中融入了自身的文化，并且经过大自然的考验和洗礼后，最终形成了自己的风格。满族的火炕是以由南、西、北相连的三面炕组成，俗称"万字炕"。西墙下面连接南北两个大坑之间的小窄条坑与南北两个大坑在一起构成了万字炕。南、北炕宽为五尺多，与屋内的面宽相等，由于"口袋房"是两间或三间

万字炕

相通连，搭设在室内的南北坑也分别称为"连二炕"或"连三炕"。南北两面炕长度与整个房间的深度一致，火炕的边缘都要镶一块长扁的木头，叫做"炕沿"。满族人一直就有尊老之礼，南面朝阳的炕是给家中老人和有地位的人住的，而年轻人和小辈一般睡在对面的北面炕上。西炕较小，是摆放生活用品的。自古满族就是以西为大、为贵，西炕墙上供奉着神圣的"窝萨库"——祖宗板。人们不能坐在西炕上，不可以践踏西炕上的物品，不可以
wō sà kù

以屁股对着西面，不可以做不恭敬的动作和语言，这都是对祖宗的亵渎和大不敬。祖宗板
xiè dú

上每天都是干干净净的，人们还用水果和香烛供奉着。

整个居室的大部分空间被火炕占据，而且北方气候寒冷，所以炕变成了人们日常生活的主要场所。南炕上摆有一个小方桌，是人们吃饭、喝茶、读书、写字的地方，家里来了客人也被请到炕上休息、聊天。炕上还有取暖用的火盆，还有竹子编制的簸箩，里面装着针线包和北方流行的大旱烟和烟袋。南北炕靠西墙被叫做 炕 梢 的地方，通常摆放一个与
kàng shāo

炕同宽的描金红柜，上面整齐的摆着被褥和枕头，这种风俗一直沿袭至今。因东北地区寒冬时期较长，火坑成为居住在这里的满族人必不可少的设施，并且占据了室内的大部分空间。在严寒的冬季，南北坑均烧热，室内就会因坑面发散出的热量更加温暖。

154

沈阳故宫的清 宁 宫 、关雅宫、麟趾

<ruby>清 宁 宫<rt>qīng níng gōng</rt></ruby> <ruby>关 雅 宫<rt>guān yǎ gōng</rt></ruby> <ruby>麟 趾<rt>lín zhǐ</rt></ruby>

<ruby>宫<rt>gōng</rt></ruby> <ruby>衍 庆 宫<rt>yǎn qìng gōng</rt></ruby> <ruby>永 福 宫<rt>yǒng fú gōng</rt></ruby>

宫 、衍 庆 宫和永 福 宫 ，分别是皇太极的皇后、哀妃、贵妃、淑妃和庄妃居住的寝宫。这是沈阳故宫火地、火炕分布最密集的地区。从形式上看，清宁宫独树一帜，而其余四宫则大体相同。清宁宫东次间开正门，室内形成贯通西侧四间的"口袋房"和"东暖阁"。口袋房内南、西、北三面形成有"巨"形的"万字炕"，据说长达 12 米。

9.3 <ruby>窗 户纸糊在外<rt>Chuāng hu zhǐ hú zài wài</rt></ruby>

窗户是满族民居的又一个特色，与其他地区民族的民居截然不同。由于北方天气寒

冷，为了采光充足，南面的窗户开口面积比较大，北面的窗户面积较小，而且很少开启。外屋靠门侧有一个小窗，俗称"马窗"，一般在两个灶台的上方各一扇，里屋前面（南墙），一般有两个窗户，中间以木方隔开，每个窗户又分上下两扇，为便于采光，窗户建得都比较大，总共高约五尺，长约六七尺，在屋内窗框两侧及中间木方

的上中位置，钉有木制的"<ruby>蛤 蟆<rt>há ma</rt></ruby>"，起到固定窗扇的作用，上扇窗可摘下，也可向里用木棍支起或用一种木制的挂钩挂住，下半部分的窗户也可摘取，这种窗户被称为"<ruby>支 摘 窗<rt>zhī zhāi chuāng</rt></ruby>"，这种窗户开在里面有助于室内通风采光。

在窗户的装饰上，满族房屋的窗户装饰较之做工精巧、工艺讲究的的南方窗户 <ruby>相<rt>xiāng</rt></ruby>

<ruby>形 见 绌<rt>xíng jiàn chù</rt></ruby>，南方的窗户种类繁多，纹样类型千变万化，而满族民居窗花装饰式样简练，线条

粗犷，各种基础样式组合简单。南方的上扇窗户的 <ruby>窗 棂<rt>chuāng líng</rt></ruby> 做得比较讲究，有各种漂亮的图案，如小方格、菱形或者梅花形等。而满族房屋的窗户多采用"窗户纸糊在外"的做法，因为东北地区冬季风大雪多，气候寒冷，室内外温差大，这样做不但可以用窗格作为支撑防止风由外向里吹坏窗纸，而且有助于防止下雪时窗棂

积雪。冬季外面气温低容易结霜,室内一旦升温,融化的水就会流到窗纸与窗棂的结合处,浸透窗纸,造成窗纸的损坏,而糊在外面,雪就不易附着在光滑的纸上,可以延长窗纸的寿命。另外东北地区春季多风沙,把窗户纸糊在外面,沙土也不会堆积在窗棂处,这就能保持室内的清洁明亮。窗纸上抹油,以增加室内亮度,还能增加防水防潮性能。

　　糊窗户所用的窗纸是一种叫"豁山（huō shān）"的纸,是用破衣败絮经水沤成毳绒（cuì róng）,再在致密的芦帘上过沥（guò lì）摊匀,经日晒而成的。这种纸坚韧如革,粗糙但有拉力,有韧性,这其实是满族人适应长白山区自然条件的一种发明。窗户纸每年换季时要重糊一次,20世纪七八十年代,有些人家将窗户换上了玻璃,采光效果更好,但有些上扇窗户仍糊以窗纸,因为上扇窗随时支挂或摘下,纸窗比较轻便。里屋的后墙也有窗户,其结构样式与前窗大致一样,但一间屋只有一个窗户,也有后面没有窗户或窗户比较小的,这要视其房屋的大小和繁简而定。后窗在冬季一般用秸杆、草屑或泥坯封住,以便更好地抵御风寒。相比较南方的窗户更注重艺术性,而北方的窗户更加重视因地制宜的功能性。

9.4　烟囱出在地面上
Yān cōng chū zài dì miàn shàng

　　东北地区满族民居,无论是草房还是青砖瓦房,都有一个显著的特点,就是烟囱都是从地面上出来的,像一个个的小塔一样竖立在山墙两侧。烟囱,就是房屋走烟过火的"设备"。烟囱在东北民居中十分普遍,但是满族的烟囱却与众不同。汉族的烟囱有些是在屋顶上,在房屋的侧面山墙留出个通烟的通道,与房顶的烟囱相连,排放火炕中的烟火,有些烟囱是从房顶中间伸出来的,而满族民居的烟囱则像是一个小塔一样从房山和南窗之间的地面上支起来。民间称为"跨海烟囱""落地烟囱",满语叫"呼兰（hū lán）"。

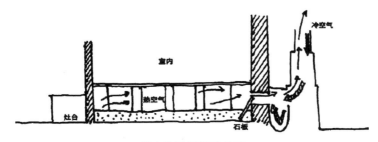

防止冷风倒灌的方法

　　这种独特的烟囱,有很深的历史渊源。由于满族人以前生活在山上,房屋的构造材料都是就地取材（jiù dì qǔ cái）,以树木枝干、桦树皮为屋顶,野草搭棚,就连墙壁也是用树干加工制成的,这些都是易燃物,如果将烟囱建在屋顶或者墙壁上,很容易引起火灾,所以满族人就把烟囱建在了离房屋四五尺远的地面上。最早的烟囱是利用在树林里那些被虫蛀空了的树干,截成适当的长度埋在地下,通过与房山墙相连的一段矮墙与室内的炕洞相通。为了防止冬天的风雪顺着烟囱回灌,还在烟囱下方的地下挖了个小坑,给冷空气提供停留的空间,蛀空的树干会有缝隙,满族人就用藤条将外面缠绕,然后用草泥涂满表面填补缝隙,真正的就地取材,废物利用。

将烟囱建在地面上而不安在房顶上,还有个原因就是这样做可以减少烟囱对房屋的压力,避免在房屋顶上修葺烟囱时造成房顶塌陷。也防止在冬季屋顶积雪融化时,雪水通过烟囱底部渗漏到房屋内,腐蚀房屋的内部结构。由于北方风雪较大,他们还在烟囱口倒扣一个破筐或篮子,给淡 妆 素 裹 (dàn zhuāng sù guǒ)的冰雪世界更增添了几分民族风情。

随着时间的推移,传统的落地烟囱逐渐演变成用土坯和砖石砌成的下粗上细的小塔似的烟囱。在新宾满族自治县就有很多民居依然保留着高 逾 (gāo yú)房檐,下粗上细的传统烟囱。真的就像乾隆皇帝在《盛京土风杂咏》"呼兰"诗中所称"疏风避雨安而稳,直外通中普且坚"。

在民间,烟囱还有一种特殊的用途,炕与烟囱相连的一段矮墙叫"烟囱脖子"或者"烟囱桥子",因为这里也通烟火,所以同样具有取暖作用,有的人就在冬天把鸡窝搭在常有热气通过的"烟囱桥子"上,这样在冬天也能吃到新鲜的鸡蛋了。还有不少迷信的人认为烟囱根是死人灵魂寄居的地方,逢年过节时总会在此处烧纸祭拜。传说家中老人病重弥留之际,小辈们在烟囱根下面要喊"朝西南光明大道走",谓之"指路"。当老人故去七天,家人如想见其足迹,便把少许灰洒在烟囱底部,并用大腕盛上水放在烟囱的通道上,第二天早上如果灰上有老人的足迹,碗里的水也被喝去了些,说明死去的老人因为想念亲人回来看望过了。所以民间又把烟囱称为"望乡台"。

这种传统的烟囱不仅在民间流行,还被满族皇帝带到了皇宫里。沈阳故宫清宁宫西山墙之侧,至今仍保留着满族皇帝"带"进宫来的高大砖砌"呼兰"烟筒,而且只保留了这一座烟筒,有人猜测是皇帝特意安排的,其用意是"一统(筒)天下"。

Mín jiān wén xué
10. 民间文学

民间文学是人们用最生动并富于活力的语言口头创作的艺术。它包括神话、民间故事、歌谣、说唱文学、长篇叙事诗等。它以口头传播为主要特征,不仅表现人们的痛苦和希望,也表现他们永不磨灭的典范人格和崇高品质。辽宁地区的民间故事犹如一幅辽宁地域文化的风俗画,记载着生活在这片土地上的各个民族的喜怒哀乐和沧桑变迁。

Liáo dōng mǎn zú mín jiān gù shi
10.1 辽东满族民间故事

辽宁满族民间故事主要分布于辽东满族文化圈内,具体包括辽宁东部的本溪、桓仁、宽甸、凤城、清原、新宾以及抚顺、开原等地。这里既是满族的崛起地与繁衍地,也是满族文化生发与传承的重要场所之一。早在明朝末年,黑龙江、吉林等地的建州女真迫于周边势力的侵扰,试图寻找更有利的经济发展环境,便陆续向南和向西迁移。直至 15 世纪中期,建州女真大多南迁至辽东山区一带,并在此繁衍生息。此后的近四百年间,满族始终是辽宁人口最多的少数民族,全国半数以上的满族人口生活于此。辽宁满族在与汉、蒙、朝、回等民族杂居共处过程中,在吸取、借鉴、融合其他民族文化的同时,始终保留许多独具特色的生活习惯与文化传统。

作为辽宁满族民众记录历史、传承经验、教化民众、品评生活的民间口承叙事文化载体,辽宁满族民间故事自其产生之日起,就以独特的传承方式不断地展示出特定历史发展时期辽宁满族民众的生活风貌及心路历程。

辽宁满族民间故事主要产生于满族由渔猎向农耕生产的过渡时期,其叙述内容既与
yí mài xiāng chéng
整个东北满族的发展历史一脉相承,又与并未南迁的其他满族支系迥然有别。其讲述内容丰富,主要由神话、故事、传说三类组成。

shén huà
神话

与其他故事类别相比较,辽东满族神话作品的数量并不多,这类作品为今人承载与保留了满族早期社会文化与生活的讯息。在满族先民看来,天地间的万事万物与人类一样都是有生命的,在这些自然物的背后,都有一个神在支配着,日、月、星辰、云雾、彩虹、火、水、雷、雹、雪、风、雨、石、山、河、海等,都被满族先民赋予了人格化的想象和神秘化的灵性,成为主宰自然界和人间的神灵,对这些神灵事迹的说明以及幻想出来的众神的故事,构成了满族原始神话系列作品。

在辽东地区的民间,有关满族始祖由来及族源的社会记忆方面的神话在满族神话中占有的比重较大。"三仙女佛库仑吞朱果"的古老神话一直被视为满族族源由来的权威版本,在民间流传甚广。

sān xiān nǚ fó kù lún tūn zhū guǒ
三仙女佛库伦吞朱果

从前在东北有座布尔哈城，城里有个叫德尔古的老人，他有三个女儿，大女儿叫恩古伦，二女儿叫那古伦，三女儿叫佛库伦。一天姐妹三人到郊外的河里洗澡，有只喜鹊从远处飞过来了，嘴里还衔着一颗红色的果实，喜鹊把红果放在小妹妹佛库伦的手上就飞走了，佛库伦看到这颗红色的果实好像很好吃的样子，就禁不住诱惑把它吃掉了。回到家后不长时间，佛库伦就发现自己怀孕了。佛库伦的妈妈觉得这件事很奇怪，只好把城里的萨满请来。萨满告诉佛库伦的妈妈："你家三女儿本来就不是凡间的女子，她是天上的仙女转世，现在她肚子里怀的这个孩子是未来的大英雄，是要改变这个世界的人，他叫布库里雍顺。"九个月后，佛库伦生下了一个男孩，起名叫爱新觉罗·布库里雍顺。小男孩从小就特别聪明，而且天生神力，勇猛无比。

寒来暑往，冬去春来。布库里雍顺很快长大了。一日，他向额娘佛库伦问及家世。额娘说道："孩儿，你是我在布库里山下吞朱果而生，所以，你的名字叫布库里雍顺，你的姓是爱新觉罗氏。你是奉天神的旨意来到人世的，你的使命是去平定战乱，帮助百姓。"爱新觉罗·布库里雍顺听懂了额娘的嘱托，牢记下自己的使命，带上了弓箭和刀枪，撑起自己用柳条编制的柳筏，顺流直下，到山外闯天下去了。

跨过九十九道湾，闯过九十九道滩，布库里雍顺来到了长白山东南的旷野，这里有个部落，有百余户人家，分为三姓，这个部落的人生性彪悍，特别喜欢争斗。这天，一个正在河边汲水的姑娘百里看到了布库里雍顺，见他体貌英俊，气度不凡，便急忙跑回部落里，对正在为争夺酋长位置而刀兵相见的三个姓氏的部民喊道："你们先别打了。我看见了一个能给咱当酋长的人。"说完，便把众人带到河边。部民们一见布库里雍顺，便觉得他不是凡人，就问他从哪儿来。

布库里雍顺答道："我的妈妈是天女！我姓爱新觉罗，名为布库里雍顺。是来平定你们的争战的！"众人听罢，齐声高呼："看你的相貌真是天生圣人啊，我们不能让你走，就留在我们的部落里吧！"随后人们便停止争斗，争着邀请布库里雍顺到自家居住。布库里雍顺见众人争论不休，便说："不要争了，我最先见到的是汲水的百里姑娘，就先到她家吧，然后再分别到各家拜访。"众人一听，觉得有理，便先后散去。后来布库里雍顺迎娶了这位姑娘，还成为了这个部落的首领。从此，这个地方再无战乱，社会安定，部民生活也日趋平静。传说这里便是建州女真的发源地，布库里雍顺就是满族人的祖先。

chuán shuō
传 说

满族是一个讲究慎终追远、重视求本寻根的民族。自古以来，满族及其先民通过"说史""讲古"等民间叙事活动，对本氏族及本民族的英雄业绩和非凡经历进行讴歌和礼赞，对族群的文化传统、道德伦理、价值取向及生存技艺、智慧、哲学等代代承传，使之铸成一种"民族文化记忆"而得到升华和延续。

辽东满族民间传说可分为人物传说、史事传说和地方风物习俗传说三个大类。其中，以反映满族部落时期围猎生活和部落之间的征战史事为背景的英雄传说，构成了满族传说中最具特色的部分。

hǎn wáng fēng shù
罕王封树

传说清太祖努尔哈赤从小在辽阳总兵李成梁部下当差,名叫小罕子。有一次,李成梁发现小罕子脚心上长七颗红痣,据说是混龙出世,想要把他绑赴京城问斩。小罕子连夜从辽阳总兵府逃了出来,一口气跑了三天三夜,在一处深山老峪里迷失方向了。因为正值盛夏,林子里又闷又热,抬头看不见天,低头找不到路,他的身上一粒米也没有了,饿得混身无力,走不动了。忽见眼前山坡的小树上,结满了紫红色的小红果。他不认得这种树是桑树,更不知小红果就是桑葚。他摘下一粒尝尝酸甜可口,又顶饿又解渴,这真是天无绝人之路! 小罕子一高兴,索性爬到树上,吃了个饱,又摘了两兜,跳到地下,抬头对树说:"树啊,今天你救了我,日后我当上皇帝,一定封你为树王!"说完,迈步向长白山老林子里走去了。说来也真奇怪,自从小罕子对桑树许了愿,他困在老林子里的那几天只要一饿,这种树就在他眼前出现。

事隔不久罕王真的在盛京坐上了金銮殿。有一回,他突然想起当初救驾的桑树,就带着兵马来到深山老峪里。可惜他叫不出树的名字,也记不清树的模样,只能想起那树枝上结满了灯笼倒挂似的小红果。当时正是数九隆冬,桑树上的桑葚早已脱落,老罕王翻山越岭一连寻觅了几天,也没找到。正想下令回朝,忽然在山沟底下,发现一片冬果树,上边挂满了和桑葚儿差不多的冬果。他上前指着树对左右文武大臣说:"就是它,就是它!"说完又对冬果树说:"从今往后我封你为树王了。"

冬果树无功受禄,乐得直蹦高。山坡上的桑树知道了这件事,真是有话没处诉,一鼓气把肚子气破了。打这以后,冬果树总是长得苗条笔直,据说是乐的。桑树总是长不高,树干略粗一点,还长着疙瘩,传说是被老罕王气的。

gù shì
故事

辽东满族民间故事中多数以表现渔猎、挖参、养蚕、耕作等生计活动为背景展开,充满了神奇浪漫的幻想及理想主义色彩,带有鲜明的辽东地域性与民族性文化印记,许多故事都蕴含丰富的文化史信息。辽东满族的幻想故事中常常嵌有某些动物、植物甚至无生物帮助人类改善生存环境的情节与主题,这是辽东满族幻想故事的主要特色。在这类故事中,帮助人类的动物、植物或无生物,多为满族民众所居处的东北区域生境中常见的花草树木,山区、林区的飞禽走兽,以及特有的物产矿藏等。这些动物、植物或无生物与人们的生产、生活有密切的关联。满族民众不仅熟悉这些植物、动物的生长生活习性,也与他们赖以生存的这些自然资源有着深厚的感情。满族自先民时代即有对森林、树木、动物崇拜的信仰传统,满族民间流传着形形色色的动植物信仰故事。

dá bù sū yǔ méi huā lù gū niang
达布苏与梅花鹿姑娘

从前,长白山里有对哥儿俩,哥哥叫达布伦,弟弟叫达布苏,都没有娶媳妇。

一天,达布苏去山上打猎,途中路过一块空地,空地上开着几朵花。他发现在这几朵花中间有个像小胖孩一样的东西,就把它捧回家去。哥哥达布伦一见,吃惊地说:"这不是人参吗?"他心里乐坏了,对达布苏说:"是不是人参我也不确定,明天我把它拿去卖,你在家等着。如果卖了钱,我一定给你买件新衣裳穿。"可是两个月过去了,达布伦也没回来。

达布苏急坏了:"哥哥是去了很远的地方吗？还是在路上生病了……"

一天,达布苏打完猎往家走,突然看见一只老虎嘴里叼着个黑忽忽的东西奔过来。他躲在大树后,张弓搭箭,一箭就把老虎射中了。达布苏上前一看,老虎嘴里叼的原来是只小梅花鹿。达布苏抱着它回家去,为小鹿包扎伤口,并且升火为小鹿取暖,小鹿苏醒后,一动也不动地靠在达布苏身边。

从此以后,小鹿成了达布苏的好伙伴,白天一块去打猎,夜晚守在达布苏身边。一天早上,达布苏醒来,发现小鹿不见了,一连几天也没回来,他以为小鹿再也不会回来了。又过些日子,有一天他打猎回来,从远处就看见自家的烟囱在冒烟,他觉得奇怪,便飞快地跑进家里,一推屋门就愣住了,屋里站着一个大姑娘,已经把饭做好了。姑娘说:"阿哥,快吃饭吧。"达布苏问:"你是谁家的姑娘?"姑娘红着脸儿,慌忙走了。

从此,姑娘每天都来给达布苏做饭,达布苏每天都能吃到热乎乎的饭菜,可他心里始终不踏实,他想知道在这深山老林里,天天来帮他做饭的姑娘到底是谁。为了找到答案,达布苏想到了一个办法:一天,达布苏拿着弓箭假装去打猎,走了一会儿又偷偷绕了回来,扒着后窗缝往屋里瞧。瞧了一会儿,屋里没人,他正想走,突然,看见一只小鹿从门外跑进屋去,它在地上打了个滚,脱下鹿皮,变成了一个漂亮的姑娘。姑娘拿起那张小鹿皮,藏在外头的石堆里,然后回屋里做起饭来。达布苏悄悄地去把小鹿皮拿出来,烧了。姑娘做好饭,发现鹿皮没有了,迎面遇到达布苏,问道:"石堆里的东西是你拿去了吗?"

达布苏说:"那张鹿皮已经被我烧了,你就留在这里别走了。"

这时,梅花鹿姑娘说:"我本是梅花山的鹿仙,自那日被你救了性命便想要报答你,我见你孤单一人怪可怜的,所以每天来给你做饭。如今没有了鹿皮,只怕要有灾难降临了。"说完,长叹了一声。达布苏听了姑娘的话,很后悔烧掉鹿皮。

从此,达布苏与梅花鹿姑娘结成了夫妻。达布苏不能忍受一天看不到妻子,连打猎也不愿去。梅花鹿姑娘想了个主意,她对着水面把自己的容貌活灵活现地画在一张纸上,让达布苏带在身上。达布苏打猎时想念妻子,就拿出来看看。不料,一天他正拿着画像看,突然一阵大风袭来把画像卷走了。画像在空中飘呀飘呀,最后落在一个国王宫殿里。国王一见,大吃一惊:"天下竟有这般绝色美女!"当下派出兵马,到处寻找画中的美女。并下了圣旨:有谁寻到此女,封官加职,享受厚禄。找不到她,杀头问罪。可是半年过去了,谁也没寻着。

单说这派出去的人当中,有一个人正是达布苏的哥哥达布伦。原来那年他拿着人参出了长白山,在一家大药铺里卖了五百两银子,撇下了达布苏在外边鬼混,后来又混到国王那里当差。如今他见那些派出去的人个个落得被杀头的下场,为了逃命,便只身逃进了长白山,去找达布苏。达布苏见到哥哥十分兴奋,他原以为哥哥早已不在人世,禁不住一头扑在哥哥怀里,大哭起来,又把妻子叫出来介绍说:"这是我失散多年的哥哥!"

达布伦看到梅花鹿姑娘,不禁大吃一惊:"这不就是国王要找的画中美女吗?她怎么会是弟弟的妻子呢?"他一时诡计上心,便编了个谎话说:"那年我出山去卖人参,走了三个月,后来在一家药铺卖了五百两银子,不想在路上被强盗打劫了,连衣服都给剥了去。没法我只好四处乞讨,后来又被抓去当了兵,一直脱身不得,就在那儿成了家。可是我一直挂念弟弟,如今借外出公差之机,偷偷回来看弟弟。"老实憨厚的达布苏相信了达布伦的话,想要留哥哥多住几天。可达布伦为了领功请赏,第二天便匆匆离开了弟弟的家,直奔皇宫报信儿去了。

很快,达布伦带来了一帮披盔戴甲的士兵,把梅花鹿姑娘抢走了。临走时,梅花鹿姑娘对达布苏说:"阿哥不要难过,请记住我的话,如果你诚心爱我,就去梅花山向我那些妹妹求救,她们会设法救我的。"

达布苏记住了妻子的嘱咐,立即背上弓箭,离家去了梅花山。可是梅花山在哪个方向,有多远,他全不知道。他走啊走啊,饿了吃野果,渴了喝溪水,一路上不知杀死了多少豺狼虎豹,整整走了一百天,终于远远望见了云烟缭绕、直插云天的梅花山。他拼命地跑向梅花山,但是跑了一段路,天却黑下来了,伸手不见五指,看不到路了。达布苏就对着黑色的天空说:"月亮啊月亮,出来给我照照路吧,我要救梅花鹿姑娘!"说也奇怪,月亮真的钻出厚厚的云层,照得地上如同白昼,于是达布苏就继续奔跑起来,可是地上的石头总是绊脚,达布苏又说:"石头啊石头,给我闪开一条路吧,我要救梅花鹿姑娘!"石头好像听懂了他的话,真的滚到了一边,闪出了一条路来。

达布苏终于来到了梅花山下,往上一瞧,梅花山像一根柱子,望不到顶。达布苏犯了愁:这可怎么爬上去呢?他摸着顺山根石壁长起来的一棵葫芦秧说:"葫芦秧啊葫芦秧,我要能扯着你上去该多好啊!"话音刚落,这葫芦秧真的长了起来,一会儿就看不见梢儿了。达布苏试着抓住葫芦秧,脚踩着葫芦叶儿,一节一节地往上爬。

天亮了,达布苏终于爬上了山顶,他看到一群欢蹦乱跳的梅花鹿正在嬉戏,一眨眼儿的功夫,梅花鹿变成了一群仙女,朝达布苏走过来。达布苏冲着这些仙女们说:"众位姐妹,救救梅花鹿姑娘吧!"话音刚落,看见一个仙女甩手抛下一件梅花鹿衣,落到达布苏身上。对达布苏说:"好心的达布苏,你有了这梅花鹿衣,梅花鹿姑娘就得救了。记住我的话,你回到家以后,就只管安心打猎,有人会把这件衣裳送给梅花鹿姑娘的,那时,梅花鹿姑娘就会重新回到你的身边。"说完,仙女们就飘然而去了。

达布苏把梅花鹿衣背在身上,顺着来路,踩着葫芦叶子下了山。他双脚刚一着地,葫芦秧子就跟着落下山来,那枯老变黄的秧蔓上挂满了嘀哩嘟噜的葫芦,有几个已经裂开缝子,露出黄橙橙的东西。达布苏仔细一看,全是金子,他只拿了一个揣在怀里,便匆匆离开了梅花山。

再说梅花鹿姑娘自被抢进王宫,一心想念达布苏,茶饭不进,终日闷闷不乐,默默不言,也不许国王靠近。什么山珍海味、绫罗绸缎都打动不了她的心,国王非常着急。这天,国王对梅花鹿姑娘说:"你到底喜欢什么东西?你就是要龙心凤胆我也能给你拿到!"

梅花鹿姑娘突然开口说:"你的东西我都不喜欢,我就想穿家中那件梅花鹿衣,有了它我才会高兴。"

国王非常高兴,他还是头一次听到梅花鹿姑娘跟他说话呢!为了尽快取来梅花鹿衣,要选一名最熟悉路途的人,财迷心窍的达布伦为了讨好国王又应承了这个差事。

达布伦离开王宫,来到了达布苏的家里,达布苏正好不在家。达布伦一进屋就看见墙上挂着一件梅花鹿衣,急忙把它拿下来。突然,从衣服里掉下一个葫芦,他仔细一瞧,葫芦裂缝里露出了金黄的东西:"啊!是金子!"达布伦乐得惊叫了起来。他怕弟弟回家看见,就急忙用梅花鹿衣裹住了葫芦,出门上马,飞奔而去。

达布伦回到王宫,把梅花鹿衣交给国王,带了葫芦就匆匆回家了。回家取出葫芦扒开一看,傻眼了,里边不是金子,全是白花花的葫芦籽。他气坏了,正要把葫芦往地下摔,突然一股醉人的麝香钻进他的鼻子。他抓起一棵葫芦籽,闻了闻,放进嘴里,哪知葫芦籽刚一进肚,达布伦立时腹中疼痛难忍,七窍流血,丧了性命,原来他吞的是金子。

再说梅花鹿姑娘,穿上了梅花鹿衣,冲着国王微微一笑,然后变成了一只梅花鹿,还没等国王弄清楚到底发生了什么,就飞快地跑走了。

10.2 辽阳王尔烈民间传说
Liáo yáng wáng ěr liè mín jiān chuán shuō

王尔烈是乾隆、嘉庆年间有名的"关东才子",被誉为"辽城第一书法家"。生长在官宦家庭中的王尔烈,诗文和书法受其父启蒙,奠定了最初的基础;少时进私塾,而后拜龙泉寺元空大师为师,进一步提高诗文和书法造诣。二十余年的寒窗苦读既为他博得了功名,又赚得了"关东才子"的美誉。辽东地区至今仍流传的关于他的民间故事多达六十多则。

六岁巧对戏客商
liù suì qiǎo duì xì kè shāng

俗话说:三岁看到老。这是说一个人如果有非凡之处,从其幼时就能看出来,王尔烈也不例外。关于王尔烈的才气,民间传说多如牛毛,而最早的一则始于他 6 岁那年。据说那是一个寒冷的冬天,王尔烈身穿棉衣,头却戴着一顶草帽在庭院里玩耍。正好一位客商从他家门前经过,透过敞开的大门,恰好看到了王尔烈这身冬不冬、夏不夏的装扮,感到非常好笑,就随口说了一句:"穿冬装,戴夏帽,胡度春秋。"年幼的王尔烈一听,一个素不相识

王尔烈的行书折扇

的人竟敢取笑自己,有点儿生气。再一仔细打量,这人风尘仆仆,旁边还放着一副货担子,王尔烈猜出他是一位四处奔走的商人,于是顺口回敬了一句:"走南方,窜北地,混账东西。"其思维敏捷、口齿伶俐可见一斑。

老主同场少主师
lǎo zhǔ tóng chǎng shǎo zhǔ shī

古往今来,怀才不遇者亦比比皆是。王尔烈虽然自小聪明、才华横溢,在仕途上却也是一波三折,并不顺利。他 44 岁才在恩科会试中贡士,后经过殿试中二甲一名进士(第四名)。据说,他本可考中头名状元,只因乾隆私下考场,名列第四,主考官便把他同乾隆对换一下名次。于是便有了这个辽南一带妇孺皆知的千古佳话。

辽阳王尔烈塑像

据说,王尔烈赴京赶考这一年,在京城的一家客栈里偶遇了微服私访的乾隆皇帝。原来,每到科举考试的时候,京城都会成为全国各地才子云集之地,而乾隆皇帝想提前"摸摸底",了解一下这些考生中究竟有无特别出众之人。相识不如偶遇,乾隆皇帝同王尔烈几番交谈下来,被他的才气所吸引,认定他是能辅佐自己坐稳江山之人,并暗下决心,一定要为王尔烈争得一席功名。

于是,在科考那天,这位敢于尝鲜的乾隆爷便以平民身份参加了考试,并在自己的卷纸上写上了王尔烈的名字。不料,事与愿违,两张卷均为头名状元,结果落得一同被排除三甲的命运。如此一来,王尔烈也便丢了他状元的桂冠,落个二甲一名进士。

后来,王尔烈因其才学出众,声望日隆,深得乾隆皇帝的欣赏。乾隆托付他担当第十五子颙琰的老师,为大清王朝培育理想的接班人。王尔烈遵从圣命,担当起御师的重担,历时十八寒暑,直至颙琰登基即位,这便是"老主同场少主师"的由来。

wáng ěr liè qiǎo xùn huáng zǐ
王尔烈巧训皇子

乾隆皇帝的第十五个儿子颙琰是其最看重的儿子,作为未来的皇太子,颙琰顽劣傲慢,目空一切。王尔烈为了教育颙琰就为他出了一道难题。

王尔烈给颙琰出了一道《僧敲木鱼石》的文题,并要他到辽东千山走走。颙琰听老师王尔烈说出文题,心中便多了些想法,说道:"老师,何为木鱼?"王尔烈回答说:"当然是僧尼敲打的木鱼了。"颙琰又问:"既然是这样,为何又说有个石字呢?难道木鱼还有石头做的不成?"王尔烈说:"我不是让你纸 上 谈 兵,而是要你到大自然中寻找答案?"
<small>zhǐ shàng tán bīng</small>

颙琰回到宫中很是烦恼。于是,他便到乾隆面前说王尔烈有意刁难他。乾隆想了想说,你的老师既然出了此题,必然有他的道理。你应该尽力交出一份合格答卷。就这样,颙琰只好踏上了到关外寻找木鱼石的道路。

颙琰在千山,几乎是访过了所有的寺院,仍没找到木鱼石。有一天晚上,明月当空,松涛滚滚,万籁俱静,他来到了木鱼庵上头的万松岭。因为走了很长时间的山路,他想坐下来休息一会儿。他坐下的时候不小心碰到了一块石头,只见那块石头顺着山势滚了下去,颙琰听到山下传来石头滚落的声音,既像石声,又像木鱼声。颙琰突然领悟到:鱼石,木鱼石,即木鱼与石也。这时,一阵"梆梆梆"响声由远及近,从远处来了个和尚。这和尚胸前一缕长须,宛若神仙。和尚说,他是龙泉寺僧人普丘。颙琰问他可认识王尔烈,和尚笑着说:"他是我的学弟,我俩曾同在龙泉寺学习诗文。"颙琰大喜,问道"既然如此,有一事讨教,请师父告诉我吧,我是王尔烈的弟子。"普丘一听,心里明白了,接着问道:"施主到这里做什么?"颙琰将王尔烈让他求寻木鱼石的事说了一遍。普丘说:"方才,你投石所传回的声音便是木鱼石声。施主,请随我来。"说着,他们来到万松岭下,木鱼庵前,再捡石一敲,果然声音如同木鱼一样。

到京城后,颙琰将"僧敲木鱼石"的事情告诉了王尔烈,王尔烈终于道出了自己的良苦用心:"这块山石,其实一文不值,但不登泰山,不知山高;不涉沧海,不知水深;不于民间苦行,怎能分辨忠奸善恶。"

有了寻找木鱼石这样千辛万苦的经历,颙琰成为皇帝之后,对治理江山社稷有了更清醒的认识。公元1796年,颙琰登基,是为嘉庆皇帝。三年后,乾隆驾崩,嘉庆独掌生杀予夺大权,在乾隆死后不到一个月的时间内,诛杀了历史上最著名的大贪官和珅,赢得了朝野上下一片赞扬之声。

yā dǎo sān jiāng wáng ěr liè
压倒三江王尔烈

清朝时期,三江(江苏、江西、浙江)是全国文化最发达的地区,人文荟萃之地,有很多名震江南的才子。也正因此,没有考官愿意去三江督考。乾隆赏识王尔烈的才华,于是派王尔烈前往江南督考。三江的才子们认为,关外在历朝历代没有出过经科考被任命为重要官职的人,对王尔烈自然不会放在眼里。所以应考者一听说主考官是来自北方的王尔烈,便很是不屑。

王尔烈早就对此有所耳闻,便想利用这个机会教训一下这些狂妄自大的南方秀才。开考的那天,王尔烈以"学而时习之"为题,让考生们按八股文形式连作三篇文章,而且要求每篇文章立意和内容均不能重复。这个看似容易却很难的题目,着实使这些南方

164

秀才们 捉 襟 见 肘（zhuō jīn jiàn zhǒu）。有的作第一篇就已经搜索枯肠,做第二篇已才尽词穷,等到做第三篇时几乎都交了白卷。考生们都不服气,便想要为难一下王尔烈,请王尔烈自作三篇。哪知王尔烈挥毫而

就,立意新颖,字字 珠玑（zì zì zhū jī）,众人不得不服。但有一个秀才认为王尔烈的文章一定是事先准备好的,不足以证其才,便在考场门旁写了一幅上联"江南多山多水多才子",言外之意是北方为蛮荒苦寒之地,无好山、好水、更无才子。王尔烈见此联微微一笑,大笔一挥,对出下联:"北国一天一地一圣人。"王尔烈联中的"一圣人"可以指孔子,也可以指乾隆皇帝,江南众才子大都哑口无言,心下叹服。

王尔烈写的对联

随之,又有人问:"王大人可曾听过'天下文章数三江'的说法?"王尔烈明白此话中的机锋,回答道:"天下文章数三江,三江文章数吾乡,吾乡文章数吾弟,吾为吾弟改文章。"就这样,王尔烈一个考题、一个下联,一首打油诗征服了三江才子,从此得了个"压倒三江王尔烈"的美誉。

10.3 锡伯族民间故事
Xī bó zú mín jiān gù shi

锡伯族是我国历史悠久、勤劳勇敢的民族。在史料的记载中,锡伯族是古代鲜卑族的后裔,锡伯族的远祖是拓跋鲜卑,以渔猎生活为主。鲜卑族素有"事世远近,人相传授"的传统,锡伯族人在漫长的历史进程中,产生了极为丰富的民间故事,反映了锡伯族先民对客观世界的幻想和解释;反映了锡伯族人原始的渔猎生活、农猎生活、戍 边（shù biān）生活;反映了锡伯族人日常生活的喜怒哀乐。经过锡伯人世代的传承讲述、加工完善,锡伯族民间故事内容不断被充实丰富,且题材广泛,主要分为神话故事、传说故事和生活故事。

神话故事
shén huà gù shi

神话是人类早期的口头文学作品,它的产生多是早期的人类对自然世界的一种 懵 懂（měng dǒng）认识,它反映了人类早期对一些事物的看法,但随着社会的发展和人们文化水平地不断提高,神话在人们口耳相传的过程中,被添加了更多的主观想象,这使神话不断地丰富和发展。锡伯族的神话传说故事具有鲜明的民族特色,故事内容生动,情节紧凑,反映了锡伯族人民对客观世界的认知,其中有代表性的神话

故事有《灵芝姑娘》《人参故事》《放牛娃和仙女》《青蛙新娘》《芦笛》等。

《青蛙新娘》故事讲的是：沈阳城北有个拉塔湖，住着巴图一家，老巴图有三个儿子，他们都是好猎手。有一天，老巴图给三个儿子各发一支箭，让他们在箭落的地方找到他们的妻子。大儿子叔图拉把箭射到菱角河子财主家，姑娘叫阿吉比亚，两人一见钟情；二儿子尔登把箭射到龙岗子秀才家，姑娘名叫依尔塔，聪明漂亮有文化。三儿子巴图阿把箭射到了荷花湖里的一只青蛙身上，巴图阿本来挺发愁，不知道怎么向父亲交代，没想到这只青蛙竟然变成了个美丽的姑娘，名叫乌拉根芝，巴图阿高高兴兴地把她领回了家。老巴图非常高兴，因为三个儿子箭法好，三个能干、漂亮的媳妇被娶回了家。

在这一类型的故事中，通常讲述的是一位美丽善良又具有神力的姑娘，还有一位贫穷但忠厚朴实，勇敢坚强的小伙子有情人终成眷属的故事。有些故事还具有浓郁的锡伯族特色，如《灵芝姑娘》描述了生活在大兴安岭的锡伯族人采灵芝的生活，这一类的神话故事集中反映了锡伯族人对纯洁善良的追求以及对勤劳质朴、勇敢坚强品质的歌颂，体现了人们的价值观和道德标准。

传说故事

锡伯族民间流传着丰富的关于风俗的民间故事和历史传说，这些故事产生年代久远，形象生动地反映了以前阶级社会的经济生活、社会习俗、思想意识和宗教信仰，是我们研究锡伯族精神文化本源和历史演变的重要材料。

锡伯族的民俗传说里最为典型的就是《喜利妈妈的传说》，讲述了有关锡伯族供奉（喜利妈妈）的故事。

远古时代，在兴安岭的深山老林里，有一个部落，他们穿的是兽皮鱼皮，吃的是鱼肉兽骨，过着群居生活。有一个夏天，部落里的大多数人都围猎去了，只剩下一些年老体弱的人和孩子守候在山洞里，照管这些人的就是聪明、善良的喜利姑娘。围猎的人走了没再回来，山洞里没有吃的东西，喜利就带着猎狗出去寻找食物，在寻找的过程中充满了艰辛与挑战，喜利姑娘凭借着自己顽强的意志和聪明的智慧，带领族人闯过了一道道难关，终于到天上见到了玉帝。在玉帝小儿子的帮助下，喜利制服了妖魔和怪兽。玉帝收她为干女儿，封她为"喜利妈妈"，永远地与锡伯族人民在一起，保护锡伯族人繁衍昌盛。她死后，锡伯人将她视为民族的祖先供奉朝拜。

这个故事为锡伯族的祖先信仰历史渊源提供了一个诗意的解释，塑造了一个勇敢、善良、聪慧、正义的女性祖先形象，反映了锡伯族人的民族自豪感。锡伯族民间供奉的喜利妈妈并非人形神位，而是一条两丈九尺长的麻绳，上面拴挂多种象征物件，诸如小弓箭、小靴鞋、箭袋、摇篮、铜钱、缨帽、布条、嘎拉哈、木锹、木叉、水桶等，每个物件的大小在三寸左右。其中，以嘎拉哈标明辈数，即添一辈人，加一颗嘎拉哈，以弓箭喻指男孩，布条喻指女孩，摇篮、靴鞋、缨帽等象征子孙满堂，铜钱象征生活富裕，木锹、木叉等象征生产丰收等。

锡伯族人供奉喜利妈妈

此外，民间还流传着如《锡伯族的西迁节》《拉塔湖村传说》《正月十五抹黑脸》《抓嘎拉哈》等大量反映了锡伯族独特民俗的民间故事。值得一提的是,有关"抓嘎拉哈"的风俗传说在满族、蒙古族和回族的民间故事里也多有反映,虽然各民族流传版本不同,但都反映了游牧民族对畜牧业的依赖与崇拜。

166

位于沈阳北市场的锡伯家庙

生活故事

生活故事产生于民间,娱乐于民众,寓教于民众。锡伯族素有说书讲古的习俗,对孩童来说,它是一种文化启蒙;对成人来讲,它是一种日常娱乐。民间故事以其特有的生动性和亲切性,极易被听者所接受,所以许多的民间故事中包含了教育劝诫的成分。这些故事反映了锡伯族人民的基本生活面貌,讴歌了锡伯族人民勤劳勇敢的民族精神,同时有的故事也强烈地抨击了封建礼教的黑暗统治,寄托了锡伯族人民摆脱困境、追求幸福生活的美好愿望。其中影响范围较广的有《仁兄难弟》《麦泽恩芝》《木碗的报应》《三公主的故事》《山布和贞参的姻缘》《活佛》《老头和他的三个女儿》《加里格哈番》《两兄弟》《不该遗弃的老人》等,其中《麦泽恩芝》《木碗的报应》《活佛》《老头和他的三个女儿》《不该遗弃的老人》等,都以孝敬老人为主题。《两个穷人》《加里格哈番》《两兄弟》等,都是主张做人只有善良和诚信,才能拥有幸福的生活。

流传于锡伯族聚居区的《真肯巴图》讲述了一个善有善报、恶有恶报的故事。真肯巴图去打猎时,从虎口里救出巴彦布,两人结为好友。在途中,一个魔鬼抢了个女子躲进了地洞。真肯巴图编织绳索和筐,让巴彦布守在洞口,自己要进入山洞救那位姑娘。不料,他与魔鬼相遇,经殊死搏斗才杀死了魔鬼,救出了姑娘。当巴彦布在洞口拽出那位已经昏迷的姑娘时,看到那位姑娘长得非常漂亮便心生歹意,将真肯巴图丢在深洞里。天无绝人之路,真肯巴图在深洞里又救了鹌鹑雏鸟,在它们的帮助下逃离了深洞。真肯巴图救的那位姑娘是国王的女儿,巴彦布骗取了国王的信任,要与公主成亲。真肯巴图及时赶到王宫,揭露了巴彦布的罪恶,娶到了公主。

中国有句古语叫"百善孝为先"。意思是说孝敬父母位居各种美德之首。一个人如果都不懂得孝敬父母,如何能做到爱护他人及国家?我们在对父母尽孝的同时,也是对子女潜移默化的教育过程,让孩子们从小就知道中国的传统美德。《木碗的报应》就是这样一个故事，它讲述了一位老人中年丧妻，苦苦把儿子抚养成人，期盼着自己晚年的时候儿子可以好好侍奉自己。儿子20岁的时候，娶了媳妇，第二年生了个胖娃娃。又过了许多年，老人卧床不起。这小两口开始嫌弃、每天唾骂他。一天，老人吃饭不小心把碗摔碎了，媳妇就破口大骂，而且不让老人吃饭了。第二天，她领着儿子去买木碗，当孩子得知木碗是给爷爷准备的之后，回家砍起了木头，并且说，准备多做些木碗留着爸爸妈妈老了以后盛饭用。夫妻俩面面相觑，从此以后不再虐待老人了，精心侍奉，使老人幸福地度过了晚年。这些生活故事切实地歌颂了真善美、鞭挞了假恶丑。

　　锡伯族的民间故事以浓郁的民族特色，丰富的文化内涵成为我国各民族民间文学的一大亮点。通过对锡伯族民间故事的研究，我们可以更加清晰地了解锡伯族经济、文化、社会的发展轨迹。